U0781830

本书编写人员

（按姓氏笔画为序）

丁建峰　　马晓芳　　王　刚　　王林伶　　毛雪皎

李　玉　　李　刚　　李君杰　　李青钰　　李　峰

杨晓秋　　杨　超　　辛怡丽　　张文攀　　张　贺

宗时风　　钟培源　　姜　璐　　高　菲　　谭蓉蓉

霍晓刚

NINGXIA QUQING BAOGAO

宁夏区情报告

（上）

《宁夏区情报告》编写组 ◎编

黄河出版传媒集团
宁夏人民出版社

图书在版编目（CIP）数据

宁夏区情报告. 2019. 上/《宁夏区情报告》编写组
编. -- 银川：宁夏人民出版社，2019.8
ISBN 978-7-227-07069-6

Ⅰ.①宁…　Ⅱ.①宁…　Ⅲ.①宁夏—概况—2019
Ⅳ.① K924.3

中国版本图书馆 CIP 数据核字（2019）第 182197 号

宁夏区情报告 2019（上）　　　　　　　　　《宁夏区情报告》编写组　编

责任编辑　管世献
责任校对　杨　皎
封面设计　一　卜
责任印制　肖　艳

 黄河出版传媒集团
宁 夏 人 民 出 版 社　出版发行

出 版 人　薛文斌
地　　址　银川市北京东路 139 号出版大厦（750001）
网　　址　http://www.yrpubm.com
网上书店　http://www.hh-book.com
电子信箱　nxrmcbs@126.com
邮购电话　0951-5052104　5052106
经　　销　全国新华书店
印刷装订　宁夏银报智能印刷科技有限公司
印刷委托书号　（宁）0014360

开　　本　880 mm×1230 mm　　　　1/16
印　　张　5.25　　　字　数　87 千字
版　　次　2019 年 8 月第 1 版
印　　次　2019 年 8 月第 1 次印刷
书　　号　ISBN 978-7-227-07069-6
定　　价　15.00 元

版权所有　侵权必究

宁夏概况

宁夏回族自治区深居西北内陆高原，属典型的大陆性半湿润半干旱气候，具有冬寒长、夏暑短、雨雪稀少、气候干燥、风大沙多、南寒北暖等特点，地形南北狭长，地势南高北低，自北向南分别为贺兰山地、宁夏平原、黄土高原丘陵沟壑区等。

有道是"天下黄河富宁夏"。自古以来，黄河由西而东流经宁夏境内，自青铜峡向北折，拐出了一个"几"字形的大湾——这就是著名的黄河河套地区。2000多年的农耕史，在这里留下了纵横交错的灌溉渠系。依靠黄河的惠泽，占全自治区总面积近四分之一的引黄灌区绿色葱茏、稻浪翻滚、鱼肥林茂、瓜果飘香的胜景年年都有，让宁夏素有"塞上江南"的美誉。

宁夏是中华民族远古文明发祥地之一。境内灵武市"水洞沟遗址"表明，早在3万年前的旧石器时代，就有人类在此繁衍生息。公元前3世纪，秦始皇统一六国后，在此设北地郡，派兵屯垦，兴修水利，开创了引黄灌溉的历史。1038年，党项族首领李元昊以宁夏为中心，建立大夏国（史称西夏），定都兴庆府（今银

西夏陵

川市）。元灭西夏后，设宁夏路，始有宁夏之名。明朝设宁夏卫，清代设宁夏府。1929 年国民政府成立宁夏省。中华人民共和国成立后，于 1954 年将宁夏省撤销并入甘肃。1958 年 10 月 25 日成立宁夏回族自治区。

　　宁夏地处我国东西轴线的中心位置，交通十分便捷。包兰铁路、宝中铁路、太（中）银铁路贯穿全境。从银川发出的旅客列车可直达北京、兰州、呼和浩特、包头、大同、张家口等数十个城市，正在建设中的银西高铁及其周围铁路复线，以及积极规划建设中的呼包银兰客运专线，形成了拉动宁夏、辐射陇东蒙西的区域高速铁路圈。宁夏区内已建成 10 多条国道、省道干线和 100 多条县乡公路，高速公路连接各市县（区），所有市、县（区）可在 1 小时内上高速公路，公

沙坡头

六盘山红军长征纪念馆

路密度、公路通达率位居西部省区前列。位于宁夏首府的银川河东国际机场有国航、东航、南航、深航等几十家航空运输企业运营着银川至北京、上海、广州、深圳、西安、成都等国内城市的国内航线航班，形成了以银川为中心，西至乌鲁木齐、东北连沈阳、西南至昆明、南至广州的航空线。此外，银川还开通了至首尔、江原道、大阪等城市的国际地区航线航班。

宁夏地小而物博，是我国四大灌区和12个商品粮基地之一；粮食和牛奶人均占有量均居全国前列，水产品人均产量居西北地区首位，粮食加工、绒毛皮加工、肉奶制品、葡萄酿酒等逐步形成产业优势。延年益寿的名贵中药材——枸杞、独特的贺兰石和独一无二的滩羊裘皮是著名的宁夏特产；宁夏煤炭储量大、煤种齐全、品质优良，其煤炭储量居全国第六位；著名的太西煤在国内外享有盛誉。

沙湖

贺兰山

宁夏，既有漠北边塞的雄奇，又不乏江南水乡的灵秀。类型多样的自然景观，兼收并蓄的多元文化特色，带给了宁夏丰富的旅游资源。这里有古老的黄河灌溉渠系、雄浑的大漠风光、神秘的西夏王朝、迷人的六盘盛景、美丽的塞上江南。这里有荒凉神秘的西夏陵，有中国最大的喇嘛式建筑群"一百零八塔"，有人类原始造型艺术"贺兰山岩画"，有沙海明珠"沙坡头"。灵武水洞沟遗址是中华史前文明的缩影，神秘奇特的西夏陵是大夏国兴衰的历史见证，风光旖旎的沙湖旅游区是中国 35 个王牌景点之一。源远流长、丰富多彩的中华文化在宁夏这块希望的田野上熠熠生辉。

目　录

宁夏扎实推进"不忘初心、牢记使命"主题教育：把"实"字写在宁夏大地上

马晓芳　高　菲

"通过系统深入地读原著、学原文，才发现以前对习近平新时代中国特色社会主义思想学得太片面太零碎，也找到了'学了就忘'的根本原因。"

"我到泾源县的一个村子去蹲点调研，天天和老百姓'泡'在一起，大家没把我这个城里来的干部当外人，开心的不开心的啥都说……要想听真话，就要和百姓零距离。"

"以前是守着热线等企业反映情况，现在主动下去问需求、解难题。企业开心了，我们看着也高兴，觉得有价值。"

…………

这是自治区第一批"不忘初心、牢记使命"主题教育开展以来，部分党员干部写在记录本上的心得。

开展"不忘初心、牢记使命"主题教育，是党中央安排部署的重大政治任务，也是作为欠发达地区的宁夏聚精神、提能力、强素质的迫切之举。

第一批主题教育开展以来，自治区党委强力推动，全区参加的 109 个单位、7200 名县处级以上干部、4.8 万名党员，聚焦主题主线，边学边查边改，紧紧扭

住"实"字，聚焦问题真改实改认真改，使开展主题教育的过程成为统一思想、深化认识、凝聚力量的过程，成为增强"四个意识"、坚定"四个自信"、做到"两个维护"的过程，成为与老百姓相向而行、保持党同人民群众血肉联系的过程。

如今，第一批主题教育时间过半，成效在宁夏大地上一点一滴显现，就像初春里漫川的芳草，萋萋绿意滋润了党员干部的心，也芬芳了老百姓的心。

一、"实"字当头，拒绝一切形式主义

确保"不忘初心、牢记使命"主题教育取得实效，自治区党委高度重视，聚焦"实"字下真功。

主题教育开展之前，自治区党委便派出调研组深入5个地级市及部分县（区）、20个区直部门、高校、国有企业、科研院所和窗口单位，广泛深入地听取干部群众对开展主题教育的意见建议。有的放矢、量身定制"宁夏版"实施方案，使方案既体现《中共中央关于在全党开展"不忘初心、牢记使命"主题教育的意见》精神，又结合宁夏实际，既融为一体，又精准具体。

主题教育开展后，自治区党委组建10个巡回指导组，统筹推进主题教育各项工作。自治区主要领导多次就主题教育开展情况进行调研指导，强调要防止把重点问题淹没在一般问题之中，把思想问题淹没在事务问题中，及时校准偏差；各巡回指导组全程参与、分类指导，对容易出现和已经发现的问题，提前分析研判，及时指导督导，"贴身"而行、跟踪跟进出台相关指导文件。

各部门（单位）把学习教育、调查研究、检视问题、整改落实贯穿主题教育全过程，按照中央要求、结合单位实际，一体推进、融合贯通，奔着问题去、盯着问题改，创造性地开展工作。

学习，唯有结合实际学、系统深入学、带着问题学、跟进整改学，方能走心走实。自治区党委常委会带头举办读书班，发挥理论学习中心组的龙头作用，先后开展4次理论学习中心组学习、4次交流研讨，原原本本学习规定篇目，及时跟进学习习近平总书记在中央政治局第十五次集体学习、在中央和国家机关党的建设工作会议上的重要讲话精神，同时抓好"宁夏篇"的学习。自治区领导带头讲党课、带头参加所在党支部主题党日活动，与党员干部一起交流探讨，一起话

初心、守初心、悟初心，带领大家掸去思想灰尘、坚定理想信念。

聚焦解决思想根子问题，各部门（单位）集中时间，在读原著、学原文、悟原理上下功夫，聚焦党的政治建设、全面从严治党、理想信念等 8 个方面内容，细化专题开展交流研讨，重点学、系统学、全面推进学，坚决防止形式化、浅表化、碎片化现象。

自治区党委宣传部以"三走"研讨学习班为抓手，紧密结合主题教育学习内容拟定研讨题目，一周一次，边学边查边改，层层推进、系统深入。

自治区发改委制定《学习教育推进表》，聚焦党的政治建设、全面从严治党、理想信念、落实自治区第十二次党代会确定的各项任务等 10 个方面内容，设计学习专题 11 个，引导党员干部带着问题学，边学边思、学深学透。

既重温历史，又指向现实，既仰望崇高，又检视反思自己，各部门（单位）分批次相继到自治区档案馆参观红色档案文献展，从一封封红色家书和档案中检视初心，深化、融合为走好新的长征路前行的力量。

个人自学、集中学习研讨，开展专题党课、主题党日活动，开展革命传统教育、形势政策教育、先进典型教育和警示教育……各部门（单位）结合自身实际、结合党员思想实际，创新学习载体和方法，通过一系列行之有效的途径，提升了学习教育的针对性、实效性和感染力，在学习中锤炼了广大党员干部忠诚干净担当的政治品格。

二、"改"字贯穿，查深查实"刮骨疗伤"

从一开始就把存在的问题是什么、具体表现什么样、背后原因是什么、整改落实怎么做，作为一条线贯穿始终，是宁夏开展主题教育的鲜明特点。

自治区党委围绕 7 个重点领域，集中梳理出 18 个需要重点整治的问题，提出 22 项具体整治措施，针对整治高质量发展方面存在的问题，专门组织开展调研。

摸清问题，还是要到基层去，在深入一线调研中拜群众为师，听群众怎么说、看群众怎么干，对照群众新需求新期待找差距。

自治区党委常委集体到宁东能源化工基地，走进厂房、车间、项目建设现场，开展调查研究、帮助解决实际问题；党委常委们轻车简从，到基层一线调研，走进群众，听取民声，了解地方和群众需求，寻找工作上的差距，解决发展中的"梗阻"和民生短板。

自治区领导深入乡村蹲点调研，与农民群众同吃同住同劳动，从脱贫攻坚一线、从密切联系群众、帮助基层解决问题中深化对习近平新时代中国特色社会主义思想的认识，从群众中汲取养分，滋养初心、践行初心。

各部门（单位）把打好"三大攻坚战"、加快银川都市圈建设、助力乡村振兴、推进基层治理现代化、解决民生"关键小事"等作为检视主题教育成效的"试金石"，奔着问题去，刀刃向内"刮骨疗伤"。

自治区纪委监委从群众反映强烈的问题入手，把扫黑除恶专项斗争作为主题教育应有之义，按照"三个不放过"要求，对案情重大、情况复杂的案件，采取提级办理、指定办理、联合办案、领办督办等形式，集中力量"打伞破网"；对自治区扫黑办挂牌督办的 10 起涉黑涉恶案件，由纪委监委领导班子成员分别包抓，沉到一线，重点督办。

自治区党委办公厅将整治形式主义为基层减负作为主题教育专项整治的重点，与自治区政府办公厅联合印发《落实自治区为基层减负重点任务有关要求》，列出不发文负面清单，以往发文基数大的地方和单位原则上按精简 50% 把握，发文基数小的地方和单位按精简 30% 把握。

自治区党委组织部在主题教育启动之初就扭住问题导向，围绕"着力建设忠诚干净担当的高素质干部队伍""着力加强党的组织体系建设""着力集聚爱国奉献的各方面优秀人才"等列出第一批问题，推动机关党员干部带着问题学习思考、围绕问题交流研讨、针对问题整改落实。

自治区党委政研室从主题教育一开始就检视查摆问题，在制定实施方案前，第一批共查摆出思想政治、文稿服务、干部队伍建设等 5 个方面 18 条问题，制定了 36 条整改措施；2019 年 6 月中下旬，第二批共查摆出形式主义突出问题 8 个方面 30 条，专门研究制定了力戒形式主义为基层减负的具体措施，对指导组点出的问题、检视发现的问题等，一一建立工作台账，明确整改时限，能改立改。

三、"干"在实处，也干在群众心里

把"改"字贯穿始终，最终还是要落在实干上。改在实处、干在实处，就是

要防止隔靴搔痒、防止雨过地皮湿甚至雨过地皮也不湿的问题。

主题教育启动不久，自治区党委办公厅就下发专项整治工作的通知，列出推动高质量发展紧迫感不强、创新办法不多、落实政策措施不到位，不担当、不作为、干事创业精气神不够等7个方面的重点任务和责任分工，形成了比较系统的整治整改布局。

聚焦问题，把主题教育与推动中心工作、破除发展难点、提升群众获得感紧密结合，已成为各单位和广大党员干部的思想共识和行动自觉。

抓好群众反映强烈的突出问题的整改，自治区党委常委会针对"五大之乡"公用品牌知名度不高、竞争力不强等问题，启动建设宁夏特色优质农产品网上商城，拓宽外销渠道；针对脱贫攻坚中责任落实、政策落实、工作落实不到位等问题，对今年拟脱贫摘帽的县开展调研，查找出8类110个具体问题，明确了整改责任；针对群众关心的择校问题，严格执行相关政策，规范中小学办学行为，全面取消普通高中"宏志班"、各种行业资助班，规范压缩"民族班""实验班"，加强"艺术班"和"国际班"管理，实施了11项"招生禁令"。

自治区水利厅针对调研中发现的固原东部饮水安全重点供水工程设施还不够完善、一些村组还存在"有管无水"的现象、沿线部分群众吃水难等问题，派驻技术指导服务组深入一线，协调当地党委、政府整合涉农资金3000万元用于工程巩固提升，随着30多项整改措施的实施到位，固原东部饮水安全重点供水工程水源实现全线稳定供水。

自治区公安厅聚焦"为民服务解难题"目标，实施公安交管"放管服"10项便民措施，让群众实实在在享受到了新举措的便利。

"我们村反映蔬菜销路不畅、卖不上好价钱，农业农村厅的干部就联系了网上商城，教我们上网卖菜。"

"企业刚签约落户，宁东管委会的干部就打来电话问需求，虽然只是一个电话，但看到的是投资环境，很暖心、也放心。"

…………

宁夏人的微信朋友圈里，群众、企业家的一句话、一张照片、数语感受，传递出的是"不忘初心、牢记使命"主题教育成效的细微变化，是轻轻掀开的一角。

从"为数不多"到"繁星闪烁"

——创新驱动战略点燃宁夏发展核心引擎

马晓芳　张文攀　张　贺

为贯彻落实习近平总书记"越是欠发达地区，越需要实施创新驱动发展战略"的重要指示精神，自治区第十二次党代会将创新驱动列为三大战略之首，持续高位推进，出台"创新驱动30条"等一系列政策，迈出改革的步伐，因地制宜探索走出了开放创新、特色创新之路，在欠发达地区演绎出风生水起的创新故事……

犹记，神华宁煤、共享铸钢、吴忠仪表、维尔铸造等宁夏老资历企业的创新实践，是我们耳熟能详的动人故事，是宁夏企业中最耀眼的星。

今天，宁夏紫光天化蛋氨酸有限责任公司承担的"年产1万吨氰醇法制蛋氨酸"项目打破国外技术垄断；宁夏艾森达新材料科技有限公司"呱呱坠地"便在新材料生产领域崭露头角……自治区第十二次党代会以来，越来越多的创新实绩破壳而出，成为宁夏开启创新时代的生动注脚。

从"为数不多"到"繁星闪烁"，历经被点题的觉醒开悟、观念的集体转变、体制机制的革故鼎新，宁夏创新的天空渐渐铺陈出璀璨的底色。

宁夏属欠发达地区、民族地区、西部地区，"三区"叠加的先天不足，高质量发展之路注定坎坷艰难。产业转型升级、经济绿色发展，如何破题、路在何方？

2016年7月，习近平总书记视察宁夏时指出，越是欠发达地区，越需要实施创新驱动发展战略。总书记的重要指示，点出了宁夏转型发展的根本性问题。

抓创新就是抓发展，谋创新就是谋未来。

自治区第十二次党代会把创新驱动列为三大战略之首，以等不得、慢不得的紧迫感高位推进，持续用力，风生水起的创新生态逐渐被感知、可触摸、成气候。

一、开放创新，以海纳百川的胸襟"借力借智"，打造"隐形的翅膀"，为经济发展注入新动能

习近平总书记视察宁夏时指出，欠发达地区可以通过东西部联动和对口支援等机制来增加科技创新力量。

走进宁夏鑫浩源生物科技股份有限公司，没有传统明胶生产企业动辄上百个的浸灰池，更看不到固体废渣，几间整齐的厂房就是从原料到成品的全部生产区域，这是生物法明胶技术革新后的企业新颜。

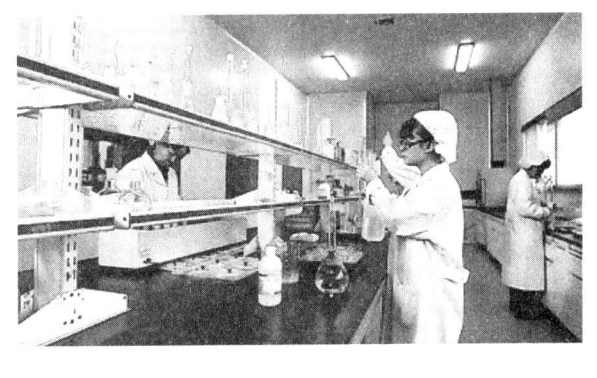

明胶是从动物的皮和骨中提取的一种胶原蛋白，长期以来，骨明胶一直采用碱法工艺制备，生产周期长、耗能多、污染大。

近年来，在宁夏鑫浩源生物科技股份有限公司和中科院理化技术研究所的共同努力下，一场历时2年、用料（骨粒）2400多吨、实验400余批次、耗资2000多万元的"技术革命"如火如荼进行，最终实现了生物酶法制骨明胶技术的工业化，颠覆了百年传统制胶工艺，以生产周期缩短为原来的1/20、固体废渣排放为零、污水减少40%、明胶关键指标冻力提高20%、用工及建设投资减少一半的成功实践，实现了由"传统技术"向"生物技术"的涅槃。

鑫浩源公司正在推进的"技术革命"，是宁夏企业通过东西部科技合作平台，在全国资源中寻找"所需"，与东部科研院所合作共赢的成功案例。

面对创新要素短缺、创新生态不活、创新内生动力不强的诸多"落后之痛"，宁夏摒弃单打单干的封闭式创新，拿出优势资源，海纳百川"借力"、兼容并包"借智"。

在宁夏大北农科技实业有限公司理化分析室，公司与浙江大学教授叶均安"牵手"研发的滩羊系列颗粒饲料走上检验台，结果显示氯化钠含量比以前的产品高0.2个百分点，能有效加快动物新陈代谢，缩短出栏期。

"现在全国近600名专家在为宁夏的产业升级、企业创新服务，围绕宁夏产业发展、聚焦技术瓶颈、集聚全国资源进行重点攻关突破。"自治区科技厅党组书记、厅长郭秉晨说。这两年，宁夏通过与东部持续对接洽谈和两次召开"科技支宁"东西部合作推进会，形成了以东部8省市和全国6家院校为主体的"8+6"合作体系，"不求所有，但求所在、所用"的引才理念吸引了近600名国内高层次专家来宁开展创新指导、参与合作研发。

宁夏维尔铸造公司与北京交通大学合作研制的"中国标准动车组铝合金枕梁"，打破了我国相关技术全部依赖进口的局面；宁夏天通银厦公司与浙江大学合作研制出350公斤世界最大蓝宝石晶体；18名全国知名专家在宁夏"五县一片"深度贫困地区引进示范小杂粮渗水地膜种植等先进技术，实现小杂粮产量翻番，杂交谷子亩产量达到646公斤的历史最高产量……

开放的胸怀和理念引得来、留得住好项目。

在东西部科技合作机制的"马太效应"下，宁夏区内企业、科研院所与欧美科技强国及"一带一路"沿线国家共组织实施了100多项国际科技合作项目，在工程机械、电网设备、煤化工、生态修复等领域取得了一批国际先进技术成果。

二、特色创新，支持传统产业改造升级、新业态培育壮大，引领经济高质量发展

市场的潮涨潮落、春江水暖，企业最先感知；市场需要什么样的创新，企业最懂。

2017年自治区出台《关于推进创新驱动战略的实施意见》，以极具含金量的政策措施为企业创新创业注入强劲动力，激励创新的"主力军"写好创新驱动战略这篇大文章。

从老牌子到新生代，创新成为各类企业的"操作指令"。

作为全国优质高端乳制品重要原料基地，近年来，宁夏的奶产业发展也在从数量规模向提质增效转型升级。

怎样通过科学饲养提升产奶量？让全世界奶牛养殖业头疼的奶牛乳房炎怎样有效预防？

为解开一头奶牛身上的"谜题"，中国（宁夏）奶业研究院应运而生。

位于吴忠国家农业科技园区的中国（宁夏）奶业研究院，主体建筑正在建设，2019年9月即将落成。但在此之前，吴忠市与全国相关高校已展开紧密的科研联系。

奶研院院长、中国农业大学教授李胜利成了经常往返于宁夏和北京的"飞人"。吴忠地势平坦、气温适宜，有饲草种植优势和奶牛养殖传统，奶牛养殖业水平在全国领先。他对宁夏奶业发展信心十足。

聚焦自身特色产业发展实际，吴忠市与西北农林科技大学、中国农业大学等携手攻坚，加快奶研院集成创新、自主创新的新技术和新产品推广应用。李胜利和奶研院专家、项目组成员借机制创新优势，开展核心成果研发和转化，推行"产—学—研—用"的技术合作模式，为宁夏奶产业高质量发展贡献智慧。

中国（宁夏）奶业研究院落户宁夏，为当地奶产业发展添能加油，是宁夏企业立足自身优势、集聚区内外创新要素助推特色产业持续健康发展的成功典范。

技术创新只有与市场结合，转化为推动产业高质量发展的成果，才有持久旺盛的生命力。

维尔铸造的标准动车组铝合金枕梁、银利电气的电磁元件智能仿真设计系统、宝塔科技的高铁轴承润滑脂等相继成为"复兴号"列车上的"宁夏元素"……

当越来越多的创新案例被写进宁夏创新图谱，意味着更多的国家工程中有了"宁夏创造"，欠发达地区"后来居上"的创新速度和生命力被更多人点赞。

"传统产业也有好项目，新业态也能快速占领市场，这都需要科技的支撑，最根本的还是人才支撑。"郭秉晨说。

5月31日，宁夏举行首批"宁夏杰出人才奖"表彰座谈会，表彰了何季麟、

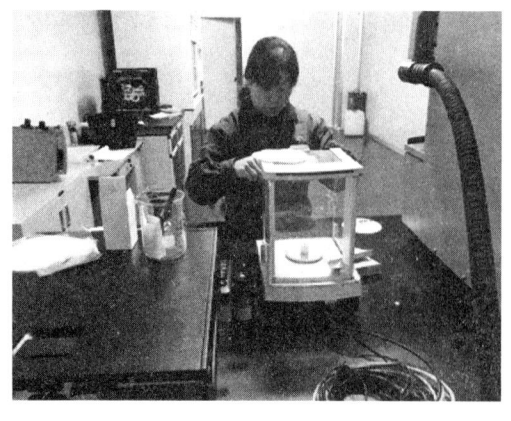

孙涛、彭凡三位在各自领域创造了一流科研成果的优秀人才。

这是宁夏识才爱才敬才的格局，也是"不拘一格"用才的真诚。

近两年，宁夏在重点产业、重点领域、重点学科，布局建设了 285 个科研平台、105 个"双创"载体，遴选了 55 名自治区科技创新领军人才培养对象，组建了 90 个自治区科技创新团队，建立了 12 家"外国专家工作室"、5 家"引才引智示范基地"，年均引进国外人才突破 600 人次，引才力度前所未有。

在创新驱动战略的指引下，欠发达的宁夏必将走出一条高质量发展之路。

延伸阅读

跑出创新"加速度"

杨柳风

不创新就要落后，创新慢了也要落后。对宁夏来说，突破发展瓶颈、解决深层次矛盾和问题，根本出路在于创新。

最近的一组数字引人关注：截至 2018 年底，宁夏科技型企业总量超过 1100 家，比 2017 年增长 75%，新登记企业 10 万余户、个体工商户 7 万余户，日均诞生"创客"近 300 个。有人形容，这就像一股蓬勃生长力扑面而来。谈起创新，宁夏不乏响当当的标杆：神华宁煤、共享铸钢、维尔铸造……如果说这些是脱颖而出的"参天大树"显现的一抹"亮色"，那么正在生长的"创客"们，则如"遍地开花"，铺就的是创新"底色"。

从彰显"亮色"到铺就"底色"，从发挥"因子"引领作用，到培育"沃土"新生机，关键词都是"创新"，而这些正是宁夏认真贯彻落实习近平总书记来宁视察重要讲话精神，大力实施创新驱动战略的生动注脚。

创新是时代的脉搏，是引领发展的第一动力。作为欠发达地区，宁夏最大的实际是发展不足，从深层次看，主要在于创新不足。面临着在创新发展大潮中与东部发达地区发展差距进一步拉大的严峻挑战，面临着发展不足与生态脆弱的双重压力，面临着培育竞争优势与补齐发展短板的双重难题，我们如何转型升级、增强经济发展内生动力和活力，如何推进高质量发展？

"越是欠发达地区，越需要实施创新驱动发展战略"，这就是指南。

知其事而不度其时则败，聚力创新就是我们的"时"。自治区第十二次党代会作出深入实施三大战略的安排部署，把创新驱动战略列于首位，这是对习近平总书记要求的充分贯彻，也体现出了创新在宁夏未来发展全局中的核心地位。此后，宁夏召开实施创新驱动战略推进会，出台"创新30条"，大力引进和培育各类创新创业人才，激发市场主体的创新活力，着力打造风生水起的创新生态……创新正不断激发出新动能和新活力。也证明着，只要紧紧牵住创新驱动这个"牛鼻子"，我们一定能探索出一条具有宁夏特色的创新之路。

转变并非易事，创新永无止境。从现实来看，创新的驱动力和支撑力不强仍是制约宁夏发展的突出"短板"和"痛点"。让创新成为宁夏未来发展的核心竞争力，我们必须迈出创新驱动发展的更大步伐，紧盯关键问题、紧扣关键环节，找准突破口，把创新驱动战略落到实处，调动一切创新资源，激发一切创造活力，把创新驱动的引擎全速发动起来，按下启动键，跑出创新"加速度"。

汇聚磅礴力 托起好日子

——脱贫富民战略为宁夏发展蓄能

杨晓秋 李 峰 丁建峰

减贫 30.8 万人，4 个贫困县摘帽，贫困发生率下降了 8 个百分点，贫困地区农民人均可支配收入达到 9298 元……

脱贫攻坚正是最吃劲的时候，每一个成绩的取得，都来之不易。

自治区十二次党代会以来，宁夏干部群众一鼓作气、尽锐出战、聚力攻坚，两年来取得的这份脱贫攻坚"成绩单"，把满满的获得感、幸福感，深耕在广大贫困群众的心田。

一、艰辛而温暖的数字：30.83 万人脱贫

孟夏时节的宁南山区，正进入一年中最美的季节。草木葱茏，山沟沟里弥漫着花的清香。

2019 年 5 月 30 日，记者刚进泾源县六盘山镇和尚铺村，远远就见几位村民正围在一起说着什么，看上去甚是热闹。

走得近了，村民们的话语飘入耳中："端午节放 5 天假哩，咱村上的五朵梅客栈估计游客少不了。"

看到记者，村民们热情地围拢过来，争相邀请记者去自己家参观。"花红花

美，不如我们和尚铺的风景美！"一位村民大声扔出一句，在人群中荡漾起欢快的笑声。这两年，和尚铺村依托六盘山旅游资源优势，大力发展旅游产业，建设了一系列旅游配套设施，村容村貌极大改善，村民们纷纷开始从事旅游及相关产业，和尚铺村已经成为一个名副其实的旅游村。2019年4月，随着泾源县整体脱贫摘帽，和尚铺村也摘掉了贫困村的标签。

山还是那座山，却已成为村民们增收致富的金山银山。

和尚铺村的华丽转身，是宁夏山川上铺开的脱贫攻坚新篇章的一个缩影。

2017年6月，自治区第十二次党代会将"脱贫富民"确立为三大战略之一，围绕2020年时间节点，调整完善2017年到2020年脱贫滚动计划，严格执行中央"两个确保"脱贫目标和"两不愁、三保障"脱贫标准，既不急躁冒进，也不消极拖延，既不降低标准，也不吊高胃口。

两年里，各级党委和政府始终把打赢脱贫攻坚战作为重大政治任务、头等大事和第一民生工程，坚持脱贫攻坚既定部署不动摇，保持战略定力、坚定必胜信念，焦点不散、靶心不变。

2018年，全区贫困地区农民人均可支配收入达到9298元，增长11.4%，高于全区农民人均可支配收入增幅2个百分点；实现11.5万建档立卡贫困人口脱贫退出，贫困发生率由6%下降到3%；

继盐池县高质量脱贫之后，2019年4月26日，隆德县、泾源县、彭阳县正式脱贫摘帽。

车到最陡处，人在山顶前。脱贫攻坚行至吃力吃劲的紧要关头，两年来，30.8万人脱贫退出，贫困发生率降至3%——这个成绩殊为不易。

二、"两不愁"总体实现，"三保障"明显加强

在今年的全国"两会"上，全国人大代表、吴忠市红寺堡区玉池村村民马慧娟曾动情地说过一段话："我一直在思考，如果没有党中央的坚强领导，如果没有这场惠及贫困百姓的扶贫攻坚战，我的生活将会是什么样子？我还能坐在人民大会堂共商国是，畅谈梦想，为一个群体代言吗？答案是否定的。"

马慧娟的感受，代表了太多曾在贫困线上挣扎的人们的心声。

贫困群众脱贫最基本的标准，就是"两不愁、三保障"。从政策引领、产业推动、技能支撑到闽宁协作，自治区第十二次党代会以来，更加注重脱贫攻坚责任落实，更加注重建立健全稳定脱贫长效机制，重点打好深度贫困地区脱贫攻坚、教育医疗住房综合保障、贫困群众持续增收、易地扶贫搬迁群众稳定脱贫、贫困地区基础设施补短板等 5 场硬仗，通过补齐各类短板确保脱贫攻坚始终向着纵深推进。

产业扶贫如椽画笔在宁夏大地上涂抹出一道道艳丽的色彩：海原县建立"华润基础母牛银行"，走"龙头企业＋合作联社＋养殖合作社＋专业村＋养殖户"的路子；盐池县发挥"盐池滩羊"品牌优势，积极发展黄花菜、小杂粮、中药材等特色产业，形成一主多元的产业扶贫格局；彭阳县巩固提升"彭阳辣椒"品牌，探索建立"林、蜂、药"特色产业增效模式……

金融扶贫如清泉注入干涸的土地："草畜贷""辣椒贷""大棚贷""烤烟贷""林果贷"……一个个信贷产品滋养着万寿菊、中华蜂、生态鸡、小秋杂粮，"盐池模式"受到国务院办公厅督查表扬，"蔡川模式"得到肯定，宁夏金融扶贫 17 条措施的经验在全国范围内推广……

义务教育阶段因贫失学辍学问题基本消除。从学前到大学全程精准的资助体系圆了无数贫困家庭孩子的求学梦。2018 年，宁夏共安排 7.36 亿元，资助学生 45 万人次，投入 11.3 亿元实施贫困地区义务教育薄弱学校改造，农村义务教育学生营养改善计划惠及学生 26 万人。

好日子渐次从大山深处开出花来。

三、"遍地英雄下夕烟"

彭阳县白阳镇中庄村党支部书记闫生栋，近日被推荐参评全国脱贫攻坚奋进奖。

扎根中庄村整整 17 年，从村委会主任到村支部支书，从光秃秃的山坡到满山葱郁，从后进村到先进村，闫生栋把自己的全部精力都投入到中庄村的发展上。

上任的第一天，他定了一个目标，要让全村山变绿、路变平、地变宽、家家有棚、牛羊变多。带着这个心愿，在逐步改善生态环境的同时，他把全部心思都放在了带着乡亲们发展产业、脱贫致富上。17 年过去，如今的中庄村森林覆盖率达 41%，7 个村民小组都通了硬化路，自来水入户率达 100%，养牛 5 头以上的人家占在家农户 80% 以上，还把"绿色发展"写入"村规民约"。

喜看稻菽千重浪，遍地英雄下夕烟。脱贫战线上千千万万的干部群众，是无数奇迹的创造者，是中国扶贫大格局背后生生不息的力量。

两年来，宁夏分级分类开展扶贫干部轮训，着力打造懂扶贫、会帮扶、作风硬的扶贫干部队伍，共培训各级扶贫干部 250 期、5.2 万人次。开展"三大三强"促脱贫富民行动，实施"两个带头人"工程，大力实施村党组织带头人队伍整体优化提升行动，调整撤换村党组织书记 248 名；建立梯次培育机制，累计培养农村致富带头人 14832 名。强化驻村帮扶力量，配齐配强第一书记和驻村工作队，选派驻村工作队 1512 个；加强驻村干部管理，落实保障支持措施，激励帮扶干部履职尽责，表彰奖励第一书记和驻村队员 273 人，提拔使用 30 人；对工作不力的坚决撤换调整，共召回 11 人，问责 65 人，调整 489 人。

汇聚在一线的扶贫力量，形成磅礴之力，成为脱贫攻坚的"尖刀班""爆破手"。

延伸阅读

让更多的百姓过上好日子

姜　美

小康不小康，关键看老乡。

习近平总书记来宁视察时明确指出："对宁夏来说，民生工作重中之重是打赢脱贫攻坚战。"为此，总书记还要求我们拿出"敢教日月换新天"的气概，鼓起"不破楼兰终不还"的劲头，攻艰克难，乘势前行。

消除贫困、改善民生、逐步实现共同富裕，是我们党对人民的庄严承诺，是全面建成小康社会的必然要求。

将习近平总书记的谆谆嘱托融入未来发展蓝图，自治区第十二次党代会将"脱贫富民"确立为今后五年宁夏发展全局的三大战略之一进行决策部署。

找准方位才能把握航向，主动作为才能克难前行。

在党中央的亲切关怀、自治区党委的正确领导下，宁夏脱贫攻坚成效显著，贫困地区人居环境和人民生活质量有了显著提高。特别是过去一年，全区贫困地区农民人均可支配收入达 9298 元，增长 11.4%；实现 11.5 万建档立卡贫困人口脱贫退出，贫困发生率由 6% 下降到 3%；盐池县高质量脱贫摘帽；今年 4 月 26 日，隆德、泾源、彭阳县正式脱贫摘帽……多少"穷根"被拔掉，多少"穷乡"变了样，困难群众的生活发生了天翻地覆的变化。同时，义务教育、基本医疗、住房安全有保障明显加强，百姓感受到了满满的获得感幸福感。这些都为宁夏与全国同步建成全面小康社会打下了坚实基础。

距离 2020 年全面建成小康社会，时日无多，也意味着脱贫攻坚战已进入关键的后半程。

让人民不断过上更加富裕的好日子，满足群众日益增长的新期待，是一场不舍昼夜的"接力跑"。只要我们牢记总书记的嘱托，迈开更大更坚实的步伐，不忘初心、牢记使命，坚决打赢打好脱贫攻坚战，把保障和改善民生工作做到实处、细处，老百姓的日子一定会越过越红火。

凝心聚力共同托起小康梦

——来自宁夏贫困地区一线的脱贫报告

宗时风　李　峰

党的十九大以来，自治区以"咬定青山不放松"的气魄，锁定脱贫目标，聚集"五县一片"深度贫困地区，凝心聚力，尽锐出战，推动全区脱贫攻坚工作不断深入。两年来，全区444个贫困村脱贫出列，30.8万建档立卡贫困人口脱贫，盐池、隆德、泾源、彭阳4个县实现高质量脱贫摘帽，全区贫困发生率由11.08%下降到3%，贫困地区农民人均可支配收入达到9298元。

一、让"两不愁三保障"化作百姓心中满满的幸福

6月23日，一场小雨过后，盐池县冯记沟乡平台村的空气格外清新。沿着村间柏油路尽头一条小路过去，一排排整齐的院落错落有致，路尽头，是76岁村民乔忠的家。

"老人家，打扰你了，忙啥呢？""看电视呢！"电视上放着农业养殖节目，很是热闹。

听说记者想看看家里的卫生间，虽然屋里并不暗，老人还是抢先打开了墙上的灯。10平方米的卫生间干净整洁，新安装的抽水马桶被女主人细心地套上了一个粉色的布套。墙边太阳能热水器的花洒挂得有点歪了，老人立即上前扶正。

墙上、地下的白色瓷砖十分亮眼，按下抽水马桶，一股清水顺着管道冲了下去。

"就这短短几年间，家家户户住上了新房子，用上了抽水马桶，村里柏油路直修到了家门口，家家户户通水通电，孩子上学就在家门口，咱真是把好日子赶上了！"。

乔忠老人生活的变迁，是宁夏贫困地区农民近年来的生动写照。

贫困群众脱贫最基本的标准，就是"两不愁三保障"。自治区第十二次党代会以来，围绕重点打好深度贫困地区脱贫攻坚、教育医疗住房综合保障、贫困群众持续增收、易地扶贫搬迁群众稳定脱贫、贫困地区基础设施补短板等硬仗，自治区确保脱贫攻坚不断向纵深发展：

持续推进义务教育均衡发展——率先在西部地区实现义务教育基本均衡发展目标，完善因贫失学辍学救助、资助机制，全面加强义务教育。来自扶贫部门的数据：2018 年劝返辍学中小学生 9473 人，劝返率达 99%，基本消除了义务教育阶段辍学问题。

着力提升贫困地区和贫困群众基本医疗服务水平——实现建档立卡贫困人口健康扶贫政策、基本医保、大病保险全覆盖，贫困患者住院全部实行"先诊疗、后付费""一站式"结算，个人平均住院费用报销比例达 90%。

加快危窑危房改造——严格落实补助标准，精准核实改造对象，充分调动贫困群众改造积极性，做到应改尽改。来自扶贫部门的数据：近年来，各级财政共投入资金 46.27 亿元，改造危窑危房 33.1 万间，110 多万贫困群众住上了安全房。

一项项改革的推进，让满满的获得感、幸福感在广大贫困群众的心田里荡漾开来。

二、夯实稳定可持续脱贫的基础

7 月至，黄花黄。盐池县青山乡刘窑头自然村村民刘贵迎来了丰收的日子。

"黄花菜是致富产业，贫困户即便人均只种植一亩黄花菜，4 年后就有稳定的收入，一年种植，十年收益。"盐池县农业农村局相关负责人向记者介绍当地产业发展时满满的自豪感，"以花马池镇盈德村为例，2014 年人均纯收入 4200 元，2018 年达到 10600 元，黄花菜对于当地农民增收的贡献率占到 50%。每年 7 月黄花菜采摘期，周围群众在这里打工1个月就能赚7000多元。"

为扶持当地产业稳步发展，盐池县财政安排专项资金，分3年给予每亩700元补助。按照播种、施肥、灌水、病虫害防治、统获的"五统一"种植管理模式，鼓励农户套种籽瓜、西甜瓜、胡萝卜等经济作物，解决了黄花菜种植前3年收入低等问题，并建设2个万亩黄花菜种植基地。如今，黄花菜产业已成为盐池的特色优势产业和群众脱贫致富的主导产业，亩均纯收入8000余元，比种植玉米节水一半以上，效益提高10倍以上。

同样是夏季，走进固原市原州区彭堡镇姚磨村万亩冷凉蔬菜基地又是另一番景象。一筐筐被精心采摘的菜心正待装车，经工人们精细化处理后，将被发往北京、上海、广州。

"基地现有来自云南、贵州等外省务工人员1200多人，熟练工人每天收入达400元。"姚磨村村党支部书记姚选告诉记者，村里80%的农户都在种蔬菜，还有15%的农户在搞养殖。几年间，姚磨村以"两个带头人"工程为牵引，充分发挥村党支部书记和致富带头人带动能力强的优势，联合吴磨、彭堡、惠德等村的党支部成立姚磨村联合党总支，推广"党总支+合作社+基地+农户"模式，建成3个跨村万亩冷凉蔬菜基地，辐射带动周边十余个村1060户群众发展冷凉蔬菜产业，吸纳3000多人就近务工，户均增收5000元以上。

宁夏把发展产业作为拔穷根、开富源的治本之策，立足实际，因地制宜、因村因户、因人定产业、上项目，宜农则农、宜林则林、宜牧则牧、宜商则商，以产业带扶贫、扩就业、促增收。目前全区产业项目精准覆盖85%的贫困人口，每一个贫困县都有几个特色产业，每一个有劳动能力的贫困户都能从产业中获得稳定收入，贫困家庭收入的40%以上都来自特色产业。

经过几年间的培育，产业扶贫如椽画笔在宁夏大地上涂抹出一道道艳丽的色彩：海原县建立"华润基础母牛银行"，走"龙头企业+合作联社+养殖合作社+专业村+养殖户"的路子；盐池县发挥"盐池滩羊"品牌优势，积极发展黄花菜、小杂粮、中药材等特色产业，形成一主多元的产业扶贫格局；彭阳县巩固提升"彭阳辣椒"品牌，探索建立"林、蜂、药"特色产业增效模式……

金融扶贫如清泉注入干涸的土地："草畜贷""辣椒贷""大棚贷""烤烟贷""林果贷"……一个个信贷产品滋养着万寿菊、中华蜂、生态鸡、小秋杂粮，

"盐池模式"受到国务院办公厅督查表扬，"蔡川模式"得到肯定，宁夏金融扶贫 17 条措施的经验在全国范围内推广……

三、激发贫困群众内生动力

这几日，隆德县沙塘镇张树村 42 岁的杜朋弟忙得不亦乐乎。"越南订制的上万支人造花刚刚打包送走，广州和沈阳的订单又来了。"

和杜朋弟一样，在张树村扶贫车间内，40 多名妇女正在忙碌。她们生产加工的人造花不仅畅销国内，出口东南亚的订单也随之而来。为赶时间，杜朋弟已顾不上回家为老伴做午饭。自从在人造花车间上班，她在家里的地位发生彻底转变，每个月 1600 元的保底收入终结了她围着灶台转的生活。

宁夏注重发挥贫困群众在脱贫攻坚中的主体作用，坚持正向激励、教育引导与反向约束并兴，千方百计调动贫困群众脱贫致富的积极性、主动性。

固原市原州区开城镇郭庙村村民马学军如今是个"培训控"，凡培训班必参加。在参加了村上的铲车操作培训班后，去年他凭铲车操作技能在工地干了 6 个月，每个月工资 4500 元。他发现，开铲车是个小工活，开挖机才是大工活，1 个月工资能拿到 8000 元。为此，他又开始向村"两委"建议办个挖机培训班。

2018 年，宁夏出台就业扶贫"十七条"政策，全年培训贫困人口 81674 人次。建设扶贫车间 173 个，近万名贫困地区劳动力实现就近就地就业。

从"等靠要"到积极主动出门务工、学习技能，从"要我干"到"我要干"，贫困地区群众的观念正在发生巨大变化。

距离 2020 年宁夏完成脱贫攻坚目标任务不到 2 年时间，眼下正是最吃劲的时候。宁夏人民正汇聚起推动发展的磅礴力量，共同托起奔向小康的梦想。

青山绿水筑共赢

——宁夏水土保持生态建设成效显著

霍晓刚　钟培源　李君杰　李　玉　辛怡丽

宁夏在开展水土保持综合治理工作中，以习近平新时代中国特色社会主义思想为指导，牢固树立绿水青山就是金山银山的理念，深入贯彻落实党的十九大精神和全国生态环境保护大会精神，按照"节水优先、空间均衡、系统治理、两手发力"的治水思路，围绕自治区创新驱动、脱贫富民、生态立区三大战略，统筹推进水土保持工作，为打造西部地区生态文明建设先行区、筑牢西北地区重要生态安全屏障提供了重要支撑。

宁夏东、北、西三面被毛乌素沙漠、巴丹吉林沙漠与乌兰布和沙漠和腾格里沙漠包围，南部与黄土高原相连，水土流失面积占全区总面积的71.1%，成为全国水土流失最严重的省区之一。严重的水土流失成为宁夏中部及南部山区生态环境恶化、水旱灾害频繁、区域经济落后、人民生活贫困的主要原因，严重制约着全区经济社会可持续发展。

改革开放 40 年来，宁夏各级党委、政府对水土保持生态建设高度重视，并倾注了大量心血，投入了大量的人力、物力和财力。经过多年的探索与不断创新，逐渐总结和形成一套因地制宜、科学有效的"南治土、中治沙、北治水"的防治思路，坚持政府引导、项目带动、社会与群众广泛参与，通过政策优惠、资金扶持、技术指导、法律保障等多种措施，使宁夏水土保持生态建设取得显著成效。一个山更绿、水更清、人更富的人与自然和谐共处的美好愿景成为现实。

截至目前，宁夏水土流失面积由 2000 年的 3.68 万平方公里减少到 1.96 万平方公里，减少了 47%，中度及以上水土流失面积由 2000 年的 2.29 万平方公里减少到 1.02 万平方公里，减少了 55%。目前，水土流失治理措施保存面积达到 1.8 万平方公里，全区累计水土流失治理程度达到 46%。建成水平梯田 361 万亩，淤地坝 1112 座（骨干坝 325 座，中型淤地坝 368 座、小型淤地坝 419 座），骨干坝总控制面积 3824 平方公里，总库容 4.24 亿立方米，其中防洪库容 2.53 亿立方米，拦泥库容 1.71 亿立方米。据统计，目前已拦截泥沙 0.67 亿立方米，淤地面积近 2.8 万亩，发展小片水浇地 3 万亩，解决了 10.2 万人、5.2 万头大家畜、18.2 万只羊的饮水困难。全区森林覆盖率提高到 12.63%，森林资源稳步增长。2003 年，在全国率先实行封山禁牧，草原得到休养生息，草原生态恶化趋势得到有效遏制，生产能力明显提升，草原生态建设取得显著成效，全区补播改良退化草场面积达到 702 万亩，重度沙化草原面积由 634.4 万亩减少到 246.75 万亩，草原围栏建设面积达到 2330 万亩。

一、因地制宜，积极调整治理思路

地处宁夏中东部干旱带的盐池县，通过全面实施封山禁牧，强化退耕还林还草，集中发展坝系工程建设与生态自然修复相结合，大力发展扬黄高效节水灌溉，实施生态移民，不断加大风力侵蚀治理，不断加强法律法规宣传教育和监管执法，严禁乱采滥挖、过度放牧等具体措施，使全县生态面貌得到根本性转变，区域林草覆盖面积明显增加，草原荒漠化得到有力遏制，使荒漠草原再现昔日秀美。同时，随着草原覆盖面积不断增加和草群结构不断优化，不仅为盐池县草畜舍饲养殖业提供了充足的饲草料保障，还带动了当地舍饲养羊、饲料加工、滩羊羊肉、

皮毛加工以及生态旅游业的共同协调发展。

地处宁夏南部黄土丘陵区的彭阳县在水土流失治理过程中，根据南北差异，制定适宜不同区域发展的治理措施。在北部黄土丘陵区，坚持农林牧结合、种养结合、用地养地结合，大力发展以山杏、沙棘、山桃、柠条为主的林果业和畜牧养殖业。在中部红茹河河谷残塬区，建优质绿色果品基地、地膜玉米种植基地、瓜菜与药材等特色经济作物和设施种植基地。在西南部土石质山区，利用降水相对较多的优势，加快退耕还林和天然林保护等工程建设，并采取生态移民和生态修复措施，建水源涵养林。从 20 世纪 70 年代的白岔小流域样板到 2010 年以后南山、山庄、赵洼、曹川等流域治理模式，彭阳县的流域治理由生态型向经济型、景观型进行了一次华丽的蜕变。通过改山治水、造林绿化，使水土流失综合治理取得了显著成效，水土流失治理程度由建县初的 11% 提高到现在的 67%，2013 年被水利部命名为"国家水土保持生态文明县"。如今的彭阳县，漫山遍野都是望不尽头的梯田，如链似带，高低错落，层层叠叠，成为"中国美丽田园"的 10 项梯田景观之一。

与之相邻的隆德县，当地政府为改善农业生产条件和生态环境，加快山区群众脱贫致富步伐，坚持以梯田建设为主的水土保持综合治理工程建设，经过数十年务实苦干，不仅使当地的水土流失得到了有效控制，山河面貌发生了巨大变化。也为产业结构调整提供了较大空间，实现了由种粮型向粮经饲结合型、由数量型向质量效益型、由传统自给自足型向现代商品型的转变，加快了农业产业化进程。通过退耕还林，实施林药及林草间作，为中药材、草畜等后续产业培养开发提供了广阔的空间，走出一条以兴修基本农田、造林种草、生态修复、沟道坝系和农田水利配套建设相结合，改善生产生活条件，拓宽生存环境的脱贫致富之路。

西吉县在小流域综合治理过程中，根据不同地区水土流失特点，总结出了多种治理模式与治理经验，如聂家河流域水资源高效利用型、车路沟发挥淤地坝灌溉种植提高效益型、黄家川淤地种植增产型、月亮山水源涵养林涵养水源补给地下水型、县城葫芦河过境段南北山绿化河道整治宜居舒适型等，对其他同类地区开展小流域综合治理起到了借鉴示范作用。

　　泾源县作为固原市110万人的重要水源地，当地政府结合水源地保护、农村环境整治、河道治理、清洁型小流域建设开展水土流失防治。以天然次生林为依托，坚持以封为主、封造结合，充分发挥大自然的自我修复功能，构建生态旅游经济圈，大力发展水源涵养林，种植苗木20多万亩，水土流失治理项目区呈现出山变绿、水变清、村容村貌整洁、自然灾害减少的景象，农村基础设施和生产条件得到改善，有效提高了水源地的供水保障能力。

　　海原县紧紧围绕"脱贫攻坚"中心任务，在中央和自治区的大力支持和指导下，按照新时期治水工作新思路，以治理水土流失、改善生态环境为主线，以水土保持工程建设为重点，通过将流域治理与基础设施建设、农业产业化、农业机械化、生态建设四个方面相结合，不仅使当地水土流失得到有效控制，生态环境明显改善，还实现了农业产业增效和农民增收"双赢"，为脱贫攻坚打下了坚实的基础。

二、科技创新，水土保持科研成果喜报连连

　　宁夏水利厅开展了多项科学试验和研究，并应用于水土保持生产实践。其中《应用遥感技术编制宁夏土壤侵蚀图》《宁南山区库坝上游生物拦沙坝试验研究》《宁夏干旱半干旱区小流域暴雨洪水泥沙研究》《宁南山区水土保持治沟骨干工程淤积量预报》《库坝池窖联合高效利用水资源研究》《宁夏生态经济流域建设

关键技术研究》等多项科研成果得自治区科技成果二、三等奖。制定了《旱作基本农田建设技术标准》《宁夏水土保持治沟骨干工程技术标准》《小流域综合治理地方标准》《压砂地建设技术规范》等多个水土保持地方性标准和规范，一些标准还填补了自治区在这一领域的空白，从技术上指导推动了水土保持实践。

这些年来，宁夏相继成立了自治区水土保持生态环境监测总站，银川、石嘴山、吴忠、固原4个市级监测分站和彭阳县王洼、西吉县大平、海原县树台、盐池县刘窑头4个典型监测综合站点，水土保持三级监测网络和体系基本建成。2006年首次向全区发布了《宁夏回族自治区水土保持公报》。2006年开始对自治区"1号工程"——宁东能源化工基地3500平方公里的区域进行水土流失动态监测，开创了我国对大型工业经济开发区利用"3S"技术开展全方位水土保持监测的先河。对黄河水土保持重点防治工程、茹河防治工程等水土保持生态建设项目及西气东输等大型生产建设项目，以及聂家河淤地坝坝系进行水土流失与水土保持监测，及时掌握水土流失动态变化情况。依托水利部开发的信息系统整合水土保持业务管理系统，及时完成生产建设项目和综合治理项目水土保持基础数据整理和录入工作，历史数据录入率达到90%以上，新产生的数据实现即时录入，水土保持基础数据库已初步建立，为深入研究水土流失状况提供了基础支撑，为自治区生态建设宏观决策提供了科学依据。

2016年7月，《宁夏水土保持规划（2016—2030年）》获得自治区人民政府批复，标志着宁夏水土保持工作进入了规划引领、科学防治的新阶段，为系统提升宁夏水土流失防治水平、补齐发展短板、强化薄弱环节提供了现实途径。

三、依法行政，水土保持法治建设全面推进

加强水土保持监督能力建设，加大监督执法力度，水土保持法治建设全面推进，全民水土保持法律意识不断增强，依法行政、监督检查逐渐成为常态。

近年来，为加强对经济开发热点地区和大中型生产建设项目造成人为水土流失的监管，宁夏逐步建立了一套生产建设项目水土保持方案审批、监督检查、验收报备等制度，加强管理，提供服务，全面落实生产建设项目水土保持工程与主体工程同时设计、同时施工、同时投入使用的"三同时"制度。按照国家和自治

区推进简政放权、放管结合、优化服务的部署和要求，规范和完善生产建设项目水土保持方案审批、水土保持监理监测和竣工验收各个环节，使生产建设和资源开发引起的新的水土流失得到基本控制，生态建设取得的宝贵成果得到巩固，水土资源破坏大于治理的被动局面总体上得到扭转，为自治区经济又好又快发展与生态环境保护提供了有力支撑。

石嘴山电厂、古王公路、枣泉煤矿、宁东能源化工基地供水工程被水利部命名为"全国生产建设项目水土保持示范工程"，沙坡头水利枢纽、羊场湾煤矿被黄委会命名为"黄河流域生产建设项目水土保持示范工程"。固原市探索总结出了"一进（进党校）五抓（抓领导、机制、班次、载体、调研）三注重（注重实效、创新、共赢）"的国策宣传教育模式，得到了自治区党委和政府的肯定，并被水利部树立为样板，在全国推广。

宁夏"退耕还林"20年：
荒山·青山·金山银山

毛雪皎

20年，一株树苗出落亭亭如盖；20年，一项工程焕新美丽山河。在宁夏山、沙、川不同类型的区域，呈现出一个个与退耕还林密不可分的生态"样板间"。

宁夏自2000年启动退耕还林工程建设以来，因地施策，生态优先，实行山、水、田、林、路、草综合治理，至今完成退耕还林工程建设1345万亩。

昔日的荒山，热闹办起山花节；从前的荒漠，兴起了生态经济。以林业的多功能发展，推动乡村振兴、服务全域旅游，助推产业融合发展，全力服务精准脱贫。

退出来后，发展路径反而更宽广；还回去了，自然回馈我们更多。

时针拨回到20年前。

那一年，安必宁刚刚走出校门，被分配到固原市原州区林业系统，正好赶上实行退耕还林政策，他和团队随即投身大规模退耕还林国土绿化行动。

那一年，盐池县青山乡赵记塘村的刘增老人 63 岁，35 岁就在家门口种下第一棵树的他，听说种树有了新政策，便有了新念想。

一项工程的开端，也像在时间里埋下一粒种子。

7 年后，安必宁和同事完成 55.8 万亩造林成绩单，大地的绿意是给他们最生动的回报。

如今，刘增老人参与了两轮退耕还林，搬进了新房，见证家园的重生。

20 年间，宁夏完成退耕还林工程建设 1345 万亩，累计兑现退耕还林政策补助资金 130.27 亿元，林业生产总值由 3.11 亿元提高到逾 200 亿元。

一、精修"盆景"：因地施策，退还有道

有人说，宁夏可谓是中国地理景观的"微缩盆景"——包含高山、平原、高原、沙漠和湿地等，汇集了我国主要的地貌特点。

2000 年 4 月，自治区人民政府批转原林业厅《宁夏回族自治区退耕还林草试点示范实施方案》，确定彭阳县、固原县、西吉县、泾源县、隆德县为首批退耕还林草试点示范县。

在"微缩盆景"中试水退耕还林，需要雕琢的智慧和匠心。20 年来，宁夏退耕还林工程因地施策，突出重点，探索出符合本地实际的退耕还林经验。

试点开始后，在固原市隆德县林业站工作的李强看到，工程刚实施，一部分群众认识模糊，还不太理解，他与同事进村入户，为群众对比算账。工程实施后，他提出改变以往随意栽植和零敲碎打的造林模式，以小流域为单元，打破地域界限，一道梁、一面坡、一条沟，统一规划，集中连片治理的工作思路。当年，隆德共完成退耕还林 2 万亩。

宁夏在推进退耕还林建设中，在南部土石山区，以扩大六盘山水源涵养林区为重点，在黄土丘陵区以治理水土流失为重点，在严重风沙区，以沙漠化土地治理为重点，有步骤、有计划地实施退耕还林工程。同时，注重集中连片、规模治理，全区共建成万亩以上集中连片的工程 36 处，总面积超过 63.5 万亩。

二、谋篇风景："88542"和"大鱼鳞坑"

"88542"，这串数字，像是林业人的通用密码。如今，在固原的一些"网红"打卡景点，可能是当年经过"计算"后的风景。

"山顶林草戴帽子，山腰梯田系带子，沟头库坝穿靴子"，是刘静和同事们在工程中，推行的立体治理模式。2003年，刘静调往固原市彭阳县退耕还林（草）办公室工作。在实践中，和同事推广"88542"水平沟整地技术，合理配置造林模式，先后建成了大沟湾、丁岗堡、阳洼等退耕还林示范工程示范区。

"88542"是彭阳县经过多年生产实践，探索出适合黄土丘陵区林木生长，并能发挥最大水土保持效能的整地模式。以此为基本雏形，衍生出"16541""66431""26543"等水平沟整地模式，在固原市各县区的退耕还林实践中广泛应用。此外，宁夏还因地制宜，推行"隔坡环山带子田""大鱼鳞坑"等整地模式，提升整地质量。

在固原黄土丘陵区，推行"山顶沙棘、柠条戴帽，山坡两杏缠腰、缓坡林草混交"的配置模式；在中部干旱带，采取"以灌为主、灌草混交"的配置模式，科学合理配置林种、树种、草种。

在退耕还林的生动实践中，宁夏探索出不同立地条件下，适合林木生长的整地模式和植被配置类型，使工程造林成活率和保存率普遍提高10至15个百分点，有效发挥了林业的生态保护功能。

三、焕新光景：绿色初心，生态红利

2015年，宁夏启动新一轮退耕还林，明确了对前一轮国家补助政策到期的退耕地还生态林，按20元/亩标准继续补助。同时，在中央补助基础上，自治区财政再增加300元/亩，让农户享受"绿色红利"。

中卫市沙坡头区兴仁镇农户张爱平种植的有机枸杞，纳入新一轮退耕还林工程。从枸杞种植、深加工乃至销售，张爱平都了然于胸，积累了枸杞全生命周期的经营经验。2014 年底，张爱平作为带头人，在兴仁镇郝集村启动有机枸杞园项目，并获欧盟 BCS 有机认证，取得生态和经济效益双丰收。

在造林中，注重与特色林业产业建设相结合，发展枸杞、苹果、红枣等特色经济林。同时，把工程建设与当地精准脱贫工作紧密结合，释放生态红利。

再见了，"风吹沙子走、抬脚不见踪"的日子。每一寸绿色，都倾注了每一位退耕还林参与建设者的心血。"退得下、还得上、稳得住、能致富、不反弹"，这是退耕还林工程的初心。20 年间，初心不改，生机盎然。一项工程的深入人心，时代作证，山河作答。

延伸阅读

宁夏上半年生态环境质量稳中向好

李 锦

2019 年 7 月 18 日，自治区生态环境厅发布 2019 年上半年环境空气质量及重点任务推进情况，1 月至 6 月全区生态环境质量稳中向好，落实中央环保督察反馈问题整改、打好污染防治攻坚战等各项环保重点工作正在稳步推进。

从几个重要的环境指标分析，宁夏生态环境质量稳中向好的表现是：1 月至 6 月全区地级城市环境空气优良天数比例为 84%，较 2018 年同期提高 5.8 个百分点；黄河流域水质优良比例为 78.6%，劣 V 类水质实现了清零目标，地级城市集中式饮用水水源水质达到或优于 III 类比例为 63.6%；全区评价单元内农用地土壤环境质量整体较好，农用地土壤质量处于相对洁净水平；区域环境噪声评价昼间为"较好"、夜间为"一般"，道路交通噪声评价昼间为"好"、夜间为"较好"，城市功能区噪声昼间和夜间达标率分别为 99.3%、87.8%；全区电磁辐射水平远低于国家规定的控制限值。

上半年全区开展大气、水、土壤等领域专项执法检查共 2892 家次，立案查处环境违法案件 243 件，行政处罚 2443.48 万元，查封扣押案件 8 件，移送拘留 5 件。淘汰燃煤锅炉 42 台，实施燃煤锅炉煤改气、煤改电 21 台，完成大气污染治理项目 361 个，淘汰老旧车辆 4762 辆。建成重点入黄排水沟人工湿地工程 13 个，完成地级城市 13 条黑臭水体整治工程，全面取缔入黄入河直排口 56 个。排查全区自然保护区人类活动点位 2616 处，保留和已完成整治 2596 处，整改完成率 99.24%。

截至 6 月，宁夏已基本完成中央环境保护督察"回头看"反馈的 57 个具体问题中的 11 项；"回头看"督察期间转办的 1339 件群众信访投诉件，目前已办结 1319 件，办结率 98.5%；2016 年中央环境保护督察反馈的 41 项具体问题，已完成整改 32 项，其余 9 项正在按时序进度推进落实。

2019 年上半年宁夏经济发展状况分析报告

王林伶

党的十九大报告作出"我国经济已由高速增长阶段转向高质量发展阶段"的科学判断。中央经济工作会议把推动制造业高质量发展作为 2019 年经济工作首要任务。

面对错综复杂的经济形势和持续加大的下行压力，在自治区党委、政府的坚强领导下，坚持稳中求进工作总基调，牢牢把握高质量发展根本要求，积极推进供给侧结构性改革，聚焦有效投资，推进政策落实、强化预警预测、全力打好"三大攻坚战"，大力实施"三大战略"，上半年全区经济保持了总体平稳的运行态势。

初步核算，2019 年上半年，全区实现生产总值 1742.60 亿元，同比增长 6.5%，增速比全国高 0.2 个百分点。其中，第一产业增加值 65.39 亿元，增长 2.5%；第二产业增加值 862.27 亿元，增长 4.8%；第三产业增加值 814.94 亿元，增长 8.5%（见下表）。

2019 年 1—6 月宁夏主要经济指标情况

指标	单位	绝对值	同比增长（%）
一、地区生产总值	亿元	1742.60	6.5
第一产业	亿元	65.39	2.5
第二产业	亿元	862.27	4.8
第三产业	亿元	814.94	8.5

续表

指标	单位	绝对值	同比增长（%）
二、规模以上工业增加值	%	—	5.6
重工业	%	—	6.9
轻工业	%	—	−7.1
三、固定资产投资	%	—	−17.9
房地产开发投资	亿元	157.15	−20.7
四、社会消费品零售总额	亿元	454.10	5.5
五、进出口总额（1—5月）	亿元	92.80	−12.1
进口	亿元	30.00	−3.1
出口	亿元	62.81	−15.9
六、进口直接投资情况（1—5月）			
新签外商直接投资项目	个	12	9.1
新签鹤童金额	万美元	14225	87.1
实际利用外资	万美元	4175	−0.7
七、一般公共预算总收入	亿元	416.33	8.3
其中：地方一般公共预算收入	亿元	229.08	6.1
一般公共预算支出	亿元	781.77	12.1
八、金融机构人民币存款余额	亿元	6484.46	8.2
住户存款	亿元	3260.78	12.1
金融机构人民币贷款余额	亿元	7167.50	7.1
九、城镇居民人均可支配收入	元	15988	8.2
十、农村居民人均可支配收入	元	4733	9.2
十一、居民消费价格总指数	上年=100	102.1	下降0.2个百分点
十二、工业生产者出厂价格指数	上年=100	100.9	下降7.8个百分点

注：1. 城乡居民收入及价格指数数据来源于国家统计局宁夏调查总队。

2. 财政收支、金融及税收数据来源于财政部门、人民银行及税务部门。

3. 地方一般公共预算收入增速为同口径增幅。

一、工业经济稳定发展，质量效益稳步提升

2019 年上半年，全区规模以上工业增加值同比增长 5.6%，增速与 1—5 月份持平，比 2018 年同期加快 0.7 个百分点。

分轻、重工业看，1—6 月，全区轻工业增加值同比下降 7.1%，重工业增长 6.9%。分经济类型看，1—6 月，全区国有控股企业增加值同比增长 6.1%、股份制企业增长 8.3%、非公有制工业企业增长 4.6%、私营企业增长 21.0%。分产业行业看，1—6 月，全区化学原料和化学制品制造业增加值同比增长 24.0%，石油、煤炭及其他燃料加工业增长 15.2%，燃气生产和供应业增长 29.3%，金属制品业 24.3%，专用设备制造业增长 19.8%，电气机械和器材制造业增长 13.1%，电力、热力生产和供应业增长 6.3%，烟草制品业增长 2.4%。分产品产量看，1—6 月，全区多晶硅产量同比增长 2.1 倍、活性炭增长 54.3%、味精（谷氨酸钠）增长 62.8%、初级形态塑料增长 35.1%、化学药品原药增长 18.8%、单晶硅增长 19.6%、生铁增长 20.1%、铁合金增长 12.0%、塑料制品增长 10.0%、饲料增长 6.9%、石墨及碳素制品增长 6.7%、乳制品增长 6.6%、发电量增长 4.9%。

经济质量效益稳步提升，企业效益较快增长。化工、冶金和机械三大行业呈快速增长态势，对全区增速拉动作用明显。其中化工行业对全区工业增长的贡献率达 98.5%。主要原因为重点产品焦炭价格涨幅达 42.2%，PVC、聚丙烯等价格稳中有升；市场回暖，聚氯乙烯、聚丙烯、聚乙烯和聚乙烯醇等产品产量增加；中石油宁夏石化、中石油长城能化、宝丰能源等龙头企业运行良好；机械行业类主要受市场行情好转、订单增加拉动，矿山机械、铸造、电工电气和仪器仪表小行业增速较好，天地奔牛、吴忠仪表、共享集团和维尔铸造等重点企业产值较快增长。1—5 月，全区规模以上工业企业实现利润总额 84.4 亿元，同比增长 10.8%，增速比全国高 13.1 个百分点。其中，采矿业实现利润总额 14.3 亿元，增长 24.7%；制造业实现利润总额 39.5 亿元，增长 6.5%；电力、热力、燃气及水生产和供应业实现利润总额 30.7 亿元，增长 10.9%。企业营业收入利润率为 4.47%，同比提高 0.51 个百分点。

二、经济结构继续优化，供给侧结构性改革稳步推进

2019 年上半年，全区三次产业结构由上年同期的 3.7 ∶ 50.5 ∶ 45.8 调整为 3.8 ∶ 49.5 ∶ 46.7，第三产业比重上升 0.9 个百分点，对经济增长的贡献率为 62.0%，超过第二产业 25.2 个百分点。

供给侧结构性改革稳步推进。一是商品房库存继续减少。6 月末，全区商品房待售面积 907.09 万平方米，比 2018 年末减少 32.06 万平方米，同比下降 5.4%。其中，住宅待售面积 339.40 万平方米，下降 20.5%。二是企业成本不断下降。1—5 月，全区规模以上工业企业每百元营业收入成本为 83.47 元，同比降低 2.01 元，比全国低 0.89 元。三是企业负债率持续下降。5 月末，全区规模以上工业企业资产负债率为 62.5%，同比下降 0.5 个百分点。四是短板领域投资较快增长。上半年，全区研究与试验发展投资增长 2.6 倍，教育投资增长 25.5%，卫生和社会工作投资增长 29.2%。

三、投资结构不断优化，精准投资成效显现

2019 年上半年，全区固定资产投资同比下降 17.9%，降幅比 1—5 月收窄 0.7 个百分点。投资结构不断优化，制造业投资占全区工业投资的比重由上年同期的 49.5% 提高到 61.7%，民间投资占投资的比重由上年同期的 55.7% 提高到 59.5%。精准有效投资保持增长。全区工业技术改造投资同比增长 6.2%，增速比 1—5 月加快 1.0 个百分点；制造业投资增长 6.7%，增速比 1—5 月加快 1.1 个百分点，其中，仪器仪表制造业投资增长 2.7 倍，计算机、通信和其他电子设备制造业投资增长 1.3 倍，化学原料及化学制品制造业投资增长 65.2%，通用设备制造业投资增长 70.2%，专用设备制造业投资增长 58.0%。

四、部分重点产品出口增势良好

据银川海关统计，1—5 月，全区货物贸易实现进出口总值 92.80 亿元，同比下降 12.1%，降幅比 1—4 月收窄 6.5 个百分点。其中，出口 62.80 亿元，下降 15.9%；进口 30.00 亿元，下降 3.1%。货物进出口差额（出口减进口）32.8 亿元。在重点

出口商品中，红霉素及盐同比增长 97.6%，四环素及盐增长 85.6%，天然蜂蜜增长 83.5%，赖氨酸酯及盐增长 40.3%，机床及铸件增长 26.9%，枸杞增长 26.6%。

五、财政收支稳定增长，金融信贷保持稳定

据财政部门统计，2019 年上半年，全区一般公共预算总收入 416.33 亿元，同口径增长 8.3%。其中，地方一般公共预算收入 229.08 亿元，同口径增长 6.1%，完成年度预算的 50.0%。全区一般公共预算支出 781.77 亿元，增长 12.1%，完成年度预算的 57.8%。

金融信贷保持稳定。据中国人民银行银川中心支行统计，6 月末，全区金融机构人民币各项存款余额 6484 亿元，同比增长 8.2%，增速比 1—5 月加快 0.4 个百分点。其中，居民存款 3261 亿元，增长 12.1%。人民币各项贷款余额 7168 亿元，增长 7.1%，增速比 1—5 月加快 0.2 个百分点。其中，短期贷款下降 0.8%，中长期贷款增长 5.7%，票据融资增长 50.1%。

总的来看，2019 年，是全面贯彻党的十九大和十九届二中、三中全会精神的重要一年，是新中国成立 70 周年，是决胜全面建成小康社会第一个百年奋斗目标的关键之年，虽然上半年全区经济运行总体平稳，在肯定成绩的同时，我们清醒地看到，宁夏发展还存在不少困难和问题：一是贯彻落实新发展理念还不到位，产业结构倚重倚能问题仍然突出，环境保护和污染治理形势依然严峻，提升创新能力、推动高质量发展任务繁重。二是经济下行压力仍然较大，部分企业经营困难，政府隐性债务化解、金融风险防控任务艰巨，特别是受基础设施建设融资渠道收窄、重大项目接续储备不足等因素影响，实现固定资产投资恢复性增长的难度加大。三是城乡居民持续稳定增收压力较大，基本公共服务均等化水平还不高，打赢脱贫攻坚战、实现稳定脱贫还需持续用力。面对这些问题还需要不断创新思路、创新理念、创新方法，在应对各种风险挑战中挖掘潜力、采取有效措施，认真加以解决，全力争取各项工作再上新台阶。

奋进逐梦正当时

——2019 年宁夏重大项目综述

钟培源　李青钰

3 月 18 日，宁夏五市及宁东重大项目同时摁下"开工键"，全面吹响了宁夏上下抓投资、抓项目、抓服务、抓进度的冲锋号。

一、银川：放大都市圈效应

3 月 18 日上午，在银川经济技术开发区轴承智造小镇项目现场，2019 年宁夏重大项目集中开工现场推进会银川分会场活动结束后，银川市举行了全市重大项目集中开工现场推进会。当天，银川市还在 11 个县（市、区）和园区设立了分会场。

一季度，银川市集中开工的项目有 306 个，总投资 1582 亿元，年度计划投资 430 亿元，涵盖了新型工业、现代农业、文化旅游、城市建设、脱贫攻坚、生态环境等领域。其中，列入宁夏回族自治区一季度重大开工项目库 128 个。

截至 2019 年 2 月底，宁夏中小河流治理、闽宁镇扶贫产业园北客生物科技烘焙油脂加工、贺兰县暖泉污水处理厂尾水人工湿地工程、灵武市旗眼山水库除险加固工程、隆基硅 5GW 单晶电池、银和半导体集成电路大硅片项目等 41 个项目已开工；物美集团数据中心、银川丝路经济园"领航大厦"、苏州司艾特公司智能互动系统生产项目及现代教育产业园、典农河旅游公路等项目于 3 月 18 日全部开工。

"这些项目可以体现银川的特点，比如总量大、新产业新业态较多等，作为都市圈的核心城市，银川要充分发挥核心带动作用，坚持有所为有所不

为。"银川市发改委负责人告诉记者。

从去年起，银川市就开始提前谋划，布局发展高端装备制造、新材料、新能源、现代纺织、葡萄酒产业、生命健康等十大产业，通过招引新项目培育新产业，推动经济高质量发展。事实上，银川确定发展十大产业的目标，也为都市圈三市一地进行其他产业的布局提供了参考，各地（市）区可根据自身特点实现差异化发展，避免恶性竞争，形成产业互补、优势叠加。

银川市发改委负责人说，为放大都市圈效应，银川还将通过建立优势特色产业联盟，如煤化工产业联盟、纺织业产业联盟、装备制造业产业联盟、新材料产业联盟等，对都市圈内的主要产业再聚焦，进行产业细分，实现建链补链强链，提升市场竞争力。银川的资源禀赋等条件相对优越、人才集聚，在发展总部经济、技术研发等方面具有优势，招商引资方面要有所侧重。但也要避免"各吹各的调"，三市一地要形成合力、互联互通，通过建立机制，鼓励产业集聚在特色园区，但奖励和税收等不受影响。通过共建共享，让三市一地的园区优势凸显、效益倍增。

聚焦项目提质增效，以增量优结构、以存量提效益、以总量稳全局，以高质量发展为群众带来获得感、幸福感。

今年，银川市拟实施的重点建设项目有 53 个，项目总投资 519.2 亿元，年度计划投资 200.5 亿元，其中，续建项目 27 个，新建项目 26 个，包括一产项目 5 个、二产项目 15 个、三产项目 33 个。目前，银川都市圈城乡西线供水工程、

银川火车站综合客运枢纽及扩建工程、北京师范大学银川学校等27个续建项目，银川至青铜峡公路（永宁段）等26个新建项目全部按序时推进，确保于4月底前全部开工建设。

银川市发改委负责人说，银川市未来发展的规划是，县区负责保障民生、完善基础设施，产业放在园区，通过产业发展经济，用获得的收益保障民生，满足人民群众日益增长的物质文化需求。

为保障项目有序按时推进，银川市将通过抓实项目前期办理，完善"两个清单"销号台账、首席服务官、固定资产投资和项目推进联席会议等机制，实行"五个一""一线工作法""店小二"服务，确保每个项目有人抓、有人盯、有进度，对标目标和时间节点，把干实事、求实效、出实绩作为抓好投资项目工作的基本要求，增强推进项目的精准把控力和操作执行力，为都市圈建设添动力、为宁夏发展作贡献。

二、石嘴山：推动投资结构持续优化

3月18日上午，2019年宁夏重大项目集中开工现场推进会石嘴山分会场暨宁夏恒力生物新材料有限责任公司年产5万吨月桂二酸项目集中开工仪式，在石嘴山市国家级经济技术开发区举行，吹响了该市2019年项目建设的"冲锋号"。

今年石嘴山市计划实施各类项目272个，计划总投资551亿元，当年计划投资186亿元，其中重点项目87个，计划总投资427亿元，当年计划投资127亿元。此次该市集中开工项目91个，计划总投资312.1亿元，当年计划投资110亿元，占全市固定资产投资目标任务的62.9%。其中，新建项目49个，总投资98.1亿元，当年计划投资42.7亿元；续建项目42个，总投资214亿元，当年计划投资67.3亿元。

石嘴山市秉持"五个不动摇"发展理念，坚持创新驱动，加快转型升级，提高发展质量不动摇；坚持协调发展，加强区域联动，推进城乡融合不动摇；坚持"两山"理论，加强生态保护，推动绿色发展不动摇；坚持改革开放，开展"双招双引"，激发"双创"活力不动摇；坚持共建共享，推进脱贫富民，增进民生福祉不动摇，奋力开创"两个转变"新局面。

"此次集中开工的项目，既有传统产业的改造提升，又有新兴产业的培育引进。"石嘴山市发改委负责人介绍，石嘴山市将重点实施恒力生物月桂二酸项目、杉杉能源锂电池正极材料项目、德希恩健康饮品加工项目、东明电石氰胺循环经济项目、晟晏纯锰合金项目、汇亿嘉消失模铸造项目、滨河电池正极材料等项目。其中一季度开工项目56个，总投资245.1亿元，当年计划投资85.5亿元。

"今年总投资21亿元的年产5万吨月桂二酸项目预计年底完工，将为高强韧度塑料、高档服装用热溶胶、低凝点高级润滑油、高强尼龙生产提供源源不断的基础原料供给，对促进宁夏工程塑料、合成纤维和香料的轻工业发展具有积极的推动作用。"宁夏恒力生物新材料有限责任公司总经理毕志强说。

重大基础设施补短板项目突出园区整合优化、路网基础配套，为创新型山水园林工业城市建设提供支撑。该市今年计划投资34亿元，重点实施G110线大武口至暖泉段改扩建工程、长胜煤炭加工区环境综合整治项目、天然气应急储气设施建设工程、银川都市圈西线供水水源水库项目、大武口区保障性住房污水管网建设项目等。

石嘴山市还将重点实施贺兰山东麓防洪体系镇朔湖拦洪库改造修复工程、贺兰山生态环境修复工程、惠农区红果子片区110国道主干线道路环境综合整治、北武当生态修复综合整治二期工程（C段）、星海湖中域南区清淤治理工程等，紧紧围绕山水林田湖草试点工程项目，借力推动石嘴山由工矿时代向生态时代转变。

石嘴山市今年计划投资4亿元，重点实施理工学院应用型技术技能人才培养能力建设工程、石炭井工业旅游小镇项目、惠农区老年康养护理院项目、平罗县中医医院业务综合楼等项目，为持续改善民生提供保障。"今年集中开工的项目既突出了投资拉动的导向，又体现了发展方式的转变，将进一步提高全市重大产业、工业技改、高新技术、民间投资比重，推动投资结构持续优化。"石嘴山市发改委负责人介绍。

石嘴山市将进一步强化"以项目论英雄，以项目论担当，以项目论能力"的工作导向，按照"一季度抓集中开工、二季度抓项目推进、三季度抓难题破解、四季度抓竣工投产"的要求，牢牢抓住项目施工黄金期，坚持项目工地就是阵地、现场就是考场、进度就是尺度，做到"一切围绕项目转、一切围绕项目干"，以严的要求、实的作风、优的服务促进高质量项目实施，带动高质量投资，实现高质量发展。

三、吴忠：助推经济平稳增长

3月18日，2019年宁夏重大项目集中开工现场推进会吴忠分会场，在盐池工业园区高沙窝集中区活动现场启动。

今年，吴忠市精心谋划了一批产业转型、基础设施、生态环保等领域的大项目、好项目，确保固定资产投资实现恢复性增长。计划实施项目635个，投资520亿元，其中政府投资项目323个，投资154亿元，社会投资项目312个，投资366亿元；产业类项目337个，投资380.4亿元；基础设施类项目298个，投资139.6亿元。

为了确保全面完成目标任务，吴忠市早作打算，争取主动，建立完善市级领导包抓重点项目工作机制，及时组织梳理核实项目前期情况，从立项、土地、资金等环节一个一个梳理、一项一项落实，为项目开工建设打下坚实基础。

2月28日，吴忠市召开了2019年重点项目开工动员会，中铁建装备制造基地、65万吨油气伴生资源综合利用等140个项目集中开工建设。一季度预计完成投资42.5亿元，力促固定资产投资恢复性增长。

按照宁夏回族自治区统一安排，3月18日，吴忠市开工苏泸新材料醋酸产品、30兆瓦天然气增压余热发电等56个项目，总投资98亿元。

吴忠市相关负责人表示，吴忠市将牢牢把握高质量发展的根本要求，扎实推进"项目提质增效年"活动，以更有力、更务实的举措全力抓好项目建设，积极扩大精准有效投资，助推经济平稳增长。进一步压实项目建设责任，建立问题清单和责任清单，对项目建设中存在的规划、用地、环评等问题，逐一排查，限期整改落实，确保一季度项目开复工304个，上半年100个重点项目开工率90%以上，投资率完成50%以上。进一步加强督查考核，建立健全项目建设月调度、月通报、季公示和正向激励机制，确保项目真开实建、投产达效，推动经济社会高质量发展。

盐池县位于陕甘宁蒙四省（区）交界地带，境内交通便捷，资源富集，有石油、煤炭、天然气、白云岩、石灰石、石膏等矿产资源，滩羊、小杂粮、甘草、黄花等特色农副产品具有得天独厚的优势，是吴忠市重大项目建设的主战场之一，特别是高沙窝镇毗邻宁东能源化工基地，发展煤化工下游产业优势明显。

宁夏苏沪新材料有限公司是落户盐池县的一家中西部合作的民营企业，公司第一阶段拟投资 6 亿元建设年产 9.8 万吨醋酸衍生产品项目，该项目产品广泛应用于医药、食品、染料、助剂、农药等领域，第一阶段建成后，年均销售收入 8.6 亿元，年均税收 4075 万元，后续阶段完成后，年均销售 16 亿元，可提供就业岗位 400 余人。

"我们将坚定不移贯彻落实宁夏回族自治区的决策部署，对标高效率执行推进重大项目，对标高水平服务保障重大项目，以项目开工建设为起点，以奋斗者的姿态和干劲，干在实处，走在前列，以高标准、快速度、优作风投入到重大项目建设中，确保重大项目落地生根，开花结果，为宁夏回族自治区推动经济高质量发展作出贡献。"吴忠市相关负责人说。

四、固原：重大项目向民生倾斜

3 月 18 日上午，固原市 2019 年重大项目建设拉开序幕。

今年，固原市按照高质量发展要求，紧扣调结构转动能，加快构建现代产业体系，突出深入实施"三大攻坚战""三大战略"和打好"六场硬仗"、建设"四个示范市"，共确定建设项目 375 个，总投资 538 亿元，当年计划投资 241 亿元。

在确定的建设项目中，原州区 60 个，总投资 41.5 亿元，当年计划投资 26.3 亿元；西吉县 68 个，总投资 104.2 亿元，当年计划投资 39.9 亿元；隆德县 57 个，总投资 43.9 亿元，当年计划投资 26.6 亿元；泾源县 64 个，总投资 47.7 亿元，当年计划投资 30.3 亿元；彭阳县 50 个，总投资 48.0 亿元，当年计划投资 20.9 亿元。

同时，固原市对标国家投资政策，按照产业方向明确、示范带动作用好、成长性强、建设条件足的原则，筛选确定全市重点建设项目 80 个，总投资 445 亿元，当年计划投资 188.6 亿元。

"在建设项目中，以民生项目为主。"固原市发改委有关负责人介绍，固原 80 个重点建设项目涉及脱贫富民决胜战项目 22 个，总投资 59.1 亿元，当年计划投资 40 亿元；创新驱动攻坚战项目 12 个，总投资 55.4 亿元，当年计划投资 19.8 亿元；生态环境保卫战项目 9 个，总投资 29.8 亿元，当年计划投资 18.7 亿元；城乡统筹大会战项目 22 个，总投资 273.6 亿元，当年计划投资 94.9 亿元；民生改善持久战项目 15 个，总投资 27.1 亿元，当年计划投资 15.2 亿元。

今年，是固原海绵城市建设收官之年，清水河固原市区段综合整治项目是固原确定的 2019 年重点工程，又是全面推进海绵城市建设试点暨清水河固原市区段水环境综合治理项目建设的重要环节。

"项目建成后，将进一步提高清水河河道行洪能力，扩大城市水域面积，能够有效解决城区防洪、水污染、水环境问题。"负责固原海绵城市建设的宁夏首创海绵城市发展有限公司副总经理付德宇介绍，该项目充分利用清水河现状河道的自然条件，打造主河槽浅滩、湿地等多种形态的水面，修复岸堤绿色通道，赋予河道优美自然的岸线，建立完善的湿地生态系统，从而实现水清、岸绿、河畅、景美。

今年，固原市列入宁夏回族自治区重点建设项目共 3 个，其中固原市城市环线建设项目总投资 5 亿元，年度计划完成 3 亿元；固原市中医医院扩建项目总投资 1.5 亿元，年度计划完成 1.1 亿元；妇幼保健计划生育服务中心改扩建项目总投资 1.1 亿元，年度计划完成 0.7 亿元。

在重大项目开工当天，固原参加宁夏集中开工项目共 112 个，年度计划投资 75.3 亿元。其中，新建 50 个，年度计划投资 28.6 亿元；续建 62 个，年度计划投资 46.7 亿元。集中开工的 112 个重大项目涉及产业项目 31 个，年度计划投资 28.8 亿元；基础设施补短板项目 40 个，年度计划投资 34.9 亿元；生态环保项目 13 个，年度计划投资 2.2 亿元；公共服务项目 28 个，年度计划投资 9.4 亿元。

"与其他市开工的重大项目相比，固原开工的重大项目有自己的特点。"该市发改委有关负责人说，随着固原市区扩大，原有的交通出行条件严重滞后。加之固原水资源特别缺乏，已建成的饮水工程只能解决市区内供水。这些项目建成后，将进一步改善交通条件，文化、教育、卫生等民生服务得到提升。

五、中卫：为高质量发展添动力

3月18日上午，中卫市在中卫工业园区举行2019年宁夏重大项目集中开工现场推进会中卫分会场活动，拉开了2019年项目大会战的序幕。

今年以来，中卫市按照宁夏回族自治区党委、政府"项目提质增效年"的要求，围绕实现固定资产投资恢复性增长的目标，早谋划、早部署、早启动，完善招商机制，强化园区建设，加大重大项目建设力度，计划实施项目488个，年内预计完成投资210亿元。其中：基础设施项目136个，生态环保项目41个，社会民生项目82个，脱贫富民项目60个，工业转型升级项目106个，服务业提档升级项目63个。全年计划实施重点项目60个，年度计划投资101亿元。

一季度，全市集中开工项目158个，年度计划投资123亿元，续建项目120个，新建项目38个。其中：基础设施项目40个，生态环保项目26个，社会民生项目30个，脱贫富民项目13个，工业转型升级项目25个，服务业提档升级项目24个。本次开工项目数量占全年计划实施项目的三分之一，其中产业类项目占比达到一半，确保宁夏回族自治区重点项目全部开工、产业项目质效同增、建设要素全面保障。

中卫市要求各项目建设单位一切围着项目转，紧紧盯着项目干，坚持一线办公、一线协调、一线督办，加强统筹调度，有序组织推进，坚决杜绝"假开工"现象。要加强对施工质量的监督考核，防止层层发包、层层转包，确保所有开工项目都能保质保量按期推进，争取早日竣工投运。要求各项目施工单位要牢固树立安全第一、质量第一、效率至上的理念，科学编制施工方案，严格执行施工计划，倒排工期、挂图作战，高标准、高品质、高效率打造精品工程。要求各县（区）、各部门以本次重大项目集中开工现场会为契机，树牢"一盘棋"思想，紧紧抓住招商引资"一号工程"不动摇，聚焦新型产业发展和高新技术项目抓招商，不断做大增量、做优存量；加强服务意识，当好"服务员"，为项目建设提供优质、便捷、高效的服务，以优异成绩迎接新中国成立70周年。

中卫市分会场设在宁夏中化锂电池材料有限公司二期项目现场，这里已开工建设。公司总经理刘平介绍，该项目总投资13.96亿元，其中建设投资近8亿元，今年计划完成全部投资，预计在今年四季度建成投产。"这个项目不仅是中化转型的标志性项目之一，对中卫市产业结构的调整也将起到积极作用。"

"本次重大项目集中开工，重点是激发民间投资活力，增强发展后劲，提振企业投资信心，激发领导干部创业干事热情，营造项目建设的良好氛围，为加快培育发展新动能、实现高质量发展增添新的动力。"中卫市发改委负责人说，抓发展就要抓项目，抓今天的项目，就是抓明天的投资、抓明天的税收。

六、宁东：新时代聚焦新动能

3月18日当天，宁东基地共有42个重大项目参加宁夏重大项目集中开工活动，当年计划完成投资167亿元。

"今年，宁东基地全年安排基本建设项目108个，更新改造项目14个，年度计划投资230亿元。今天集中开工的42个重大项目，包括31个重大产业项目、5个重大基础设施补短板项目、3个重大生态环保项目和3个重大公共服务项目。其中，新开工项目28个，年度计划投资105亿元；续建项目14个，年度计划投资62亿元。通过这些项目的带动，将进一步提升宁东基地的产业层次，夯实高质量发展的基础，为宁夏工业经济增长注入强劲动力。"宁东基地党工委副书记、管委会副主任陶少华介绍。

当天开工建设的重大项目，涉及现代煤化工、新材料、装备制造、节能环保、生产性服务业等，其中，宁夏鲲鹏清洁能源有限公司乙二醇项目格外引人关注。"项目总投资 43 亿元，计划于 2021 年 9 月建成投产。主要建设气化装置、低温甲醇洗装置、变换及热回收装置、精制装置及公用设施。项目达产达效后，每年将实现销售收入 25.8 亿元、利润总额 7.8 亿元、利税 5.7 亿元。在此基础上，我们将在 5 年内启动建设二期项目，全力发展乙二醇下游产业，建设年产 35 万吨二甲苯、年产 52 万吨苯二甲酸、年产 120 万吨聚酯。"宁夏鲲鹏清洁能源有限公司总经理党自利介绍。

宁东基地管委会经济发展局负责人田彦虎评价该项目属于现代煤化工新兴产业，是宁东基地打造战略性新兴产业集群，努力构建现代精细煤化工产业体系的新支柱。该项目的建设有利于填补宁东产业空白，有利于延长产业链、补全产业链、融合产业链，打造产业集群，推动煤炭清洁高效利用，促进能源产品的多元化，对宁夏回族自治区和宁东基地产业转型升级、加快新旧动能转换，具有重要的引领和示范带动作用。

目前，宁东基地的发展建设已经形成了三大产业集群，如何继续推动高质量发展亟待破题。"宁东基地确定了以项目为核心，选择优质高效的项目，作为宁东基地高质量发展新的突破口。"田彦虎介绍，此次开工建设的产业项目，从确定、筛选、引进都遵循一个标准：项目生产技术必须处于国内、国际领先水准，效益优质高效，能够加快产业转型升级，推动新旧动能转换。

煤制油产业集群的基础已经形成，如何让煤制油产业链向更精、更深、更高端发展？宁东基地引进了宁夏纳克明尚能源科技有限公司 PAO 润滑油和合成润滑油等项目，让煤制油项目的副产品进行增值利用，引领煤制油项目向下游、向精细化、向产业集群化方向发展。

烯烃是宁东基地目前

发展的重点和核心，如何打造烯烃产业集群？宁东基地引进了宁夏宝丰能源集团焦炭气化制烯烃项目，该项目以焦炭产品为原料，采用世界首套焦炭气化工艺技术和装备，主要建设220万吨焦炭气化制甲醇装置、60万吨甲醇制烯烃装置、30万吨聚乙烯装置、30万吨聚丙烯装置及配套附属设施。其下游产品众多，可围绕烯烃产业链项目，打造新材料、精细化工、装备制造、节能环保等七大关联产业集群。

精细化工产业将是宁东基地未来发展的重中之重，如何推进精细化工产业集群？宁东基地引进了泰和新材宁东产业园项目、苏利（宁夏）新材料科技有限公司精细化工等项目。泰和的产品是现代纺织、轨道交通、航空航天、信息技术、汽车工业等领域的基础材料，对增强我国高端装备供给保障能力、填补高性能纤维材料空白、提升技术水平和产业竞争力具有十分重要作用，苏利生产的阻燃剂、特种材料、基础化学品等产品广泛应用于塑料、建材、农业等领域，可以有效培育壮大精细化工产业集群，加快产业转型升级。

一份厚重提气的成绩单

——从数字看宁夏推动纪检监察工作高质量发展

姜　璐

"勇于自我革命，从严管党治党，是我们党最鲜明的品格。"

2019年以来，全区各级纪检监察机关坚持以习近平新时代中国特色社会主义思想为指导，深入贯彻落实十九届中央纪委三次全会、全国纪检监察业务工作会和自治区纪委十二届三次全会精神，牢牢把握稳中求进工作总基调和高质量发展目标，坚持"三个一以贯之"，忠诚履行党章和宪法赋予的职责，压实管党治党政治责任，深化纪律检查体制改革、国家监察体制改革和纪检监察机构改革，一体推进"不敢腐、不能腐、不想腐"，为净化全区政治生态、推动高质量发展提供有力纪律保障，交出了一份厚重的期中成绩单。

对11个市、县（区）进行常规巡视，发现党的领导、党的建设和全面从严治党方面问题485个，移交领导干部问题线索166件；处置问题线索5267件，立案1287件，处分998人；查处违反中央八项规定精神问题136个，问责处理185人，处分80人……

这份提气的成绩单从何而来？

一、直奔问题，高标准高质量开展主题教育

自治区纪委监委深入推进"不忘初心、牢记使命"主题教育，把学习教育、调查研究、检视问题、整改落实贯通起来，从自身找问题、找差距，以检视问题、查找问题、整改问题为抓手，全面检视反思，把主题教育成果转化为营造风清气正的政治生态的实际行动。

纪委监委通过设立意见箱、发放征求意见表等形式，征求意见建议，拟定调研课题10个、自选课题5个，所有课题由纪委监委领导班子成员牵头实施。

围绕解决党的建设、应对和化解各种风险挑战、脱贫攻坚、环保等领域存在的问题，赴石嘴山、吴忠、中卫、固原开展调研，形成了"关于海原县脱贫攻坚情况"等一批有情况、有分析、有对策、有建议的调研报告，为有力开展监督执纪问责和监督调查处置发挥了决策参考作用。

纪委监委把"不忘初心、牢记使命"主题教育与扫黑除恶专项斗争紧密结合，持续推进扫黑除恶专项斗争，以扫黑除恶专项斗争战果体现"不忘初心、牢记使命"主题教育成果。坚持有"伞"必打，对中央督导组交办的重点案件及线索，成立由纪委书记任组长、副书记担任副组长的专案组，抽调108名精干力量组成专班，深挖彻查涉黑腐败和"保护伞"。对2018年以来受理的涉黑涉恶腐败和"保护伞"问题线索进行大排查、大起底，与政法机关建立涉黑涉恶问题线索双向移送反馈制度，各市、县（区）问题线索由市级纪委监委统筹管理；建立问题线索处置"绿色通道"，确保问题线索精准高效处置；建立领导班子成员联点包案工作机制，对自治区扫黑办挂牌督办的石嘴山"1·05"案、银川市金凤区"10·16"案等10起涉黑涉恶案件，由纪委监委领导班子成员分别包抓、挂牌督办；紧盯公安机关已经侦破并"签字背书"移送的涉黑涉恶腐败和"保护伞"问题线索，深入分析黑恶势力违法犯罪、坐大成势的原因，深挖彻查黑恶势力背后的"官伞""庸伞""警伞"，绝不让"关系网"漏网，"保护伞"受"保护"。

"以肖某等人为首的石嘴山'10·8'案，依法批捕逮捕38人，立案查处公职人员23人，在全社会形成一股强大威慑力，群众无不拍手叫好，感到扬眉吐气、大快人心。"自治区纪委监委有关负责人说。

截至目前，全区共受理涉黑涉恶腐败和"保护伞"问题线索358件，立案147件，处理188人，处分164人，移送司法机关24人。

二、强化监督，确保不留死角无空白

监督是全面从严治党的重要内容，是永葆党的肌体健康的生命之源。

自治区纪委监委将党内监督作为全面从严治党的重要抓手和重要保障，深入推进纪检监察"三项改革"，创新监督方式、丰富监督手段、延伸监督触角，使监督更加聚焦、更加精准、更加有力。

——落实"三个清单"，筑牢风险防火墙。

督促各地各部门完善全面从严治党"三个清单"，配合党委办公厅开展党风廉政建设责任制情况检查考核，严肃查处落实"两个责任"不力问题43起，问责处理74人，处分38人。

——用好"四种形态"，惩前毖后治病救人。

把干部监督教育管理作为党风廉政建设和反腐败斗争的一项重要内容和基础工作，精准运用"四种形态"，"正歪树""治病树""拔烂树"，让"四种形态"落地生根。2019年上半年，运用"四种形态"处理5256人次，第一、二、三、四种形态占比分别为80.2%、13.8%、3.8%、2.2%，呈现"惩治极少数"向"管住大多数"转变。在政策感召下，共有10名党员干部或公职人员主动投案，如实向组织交代问题。

——巡视利剑出鞘，构建上下联动监督网。

巡视不是一巡了之，而是通过明察秋毫查找问题、分析问题，推动问题整改。宁夏对11个市、县（区）常规巡视，同步开展选人用人、落实意识形态工作责任制、执行机构编制纪律和巡察工作专项检查，发现党的领导、党的建设和全面从严治党方面问题485个，领导干部问题线索166件，提交专题报告16份。树立横向全覆盖、纵向全链接、全区"一盘棋"的理念，石嘴山、吴忠、固原、中卫组成16个交叉巡察组，完成对52个乡镇、部门的交叉巡察，发现问题841个，移交问题线索70个；银川成立10个巡察组，目前正对11个部门68个党组织开展第八轮市县一体化巡察。

三、利剑高悬，深化拓展反腐败斗争压倒性胜利

各级纪检监察机关坚持反腐败斗争无禁区、全覆盖、零容忍，强高压、重遏

制、长震慑，在减存量、遏增量上持续用力。

3月26日，固原市委原常委、西吉县委原书记马志宏，宁夏农垦集团有限公司副总经理王宏涉嫌严重违纪违法接受纪律审查和监察调查；6月15日，自治区公安厅国内安全保卫总队总队长王小平涉嫌严重违纪违法接受纪律审查和监察调查；6月24日，自治区政协原常委吴占东涉嫌严重违纪违法接受纪律审查和监察调查；7月1日，自治区政协常委、人口资源环境委员会副主任委员王政，自治区政协常委、民族和宗教委员会主任高振宇，涉嫌严重违纪违法接受纪律审查和监察调查……从2019年3月至今，自治区纪委监委网站"审查调查"栏目持续发布消息，通报多名党员干部落马。

这是各级纪检监察机关一刻不停歇地推进反腐败斗争的生动写照。

2019年，宁夏坚持"有腐必反、有贪必肃"，"打虎""拍蝇""猎狐"一个也不落。累计立案1287件，处分998人；开展扶贫领域腐败和作风问题专项治理，查处问题79起，问责处理139人，处分80人；开展民生领域侵害群众利益问题专项整治，查处民生领域突出问题48件，问责处理76人，处分20人。

全区各级纪检监察机关拿出的"反腐成绩单"，用实际行动向社会表明，反腐败决不是一阵风、力度决不会减缓。

持续加强对中央八项规定及其实施细则精神落实情况的监督检查，坚决防止享乐主义和奢靡之风反弹回潮。加大力度整治形式主义、官僚主义，全区查处典型问题81个，问责处理177人，处分45人，建立整治情况季报和典型问题公开通报曝光制度，形成有力震慑。

各级纪检监察机关深化标本兼治，以案促改，从正反两方面典型中汲取经验教训，开展警示教育，加强理想信念、党纪国法和政德教育，筑牢党员干部思想防线。

随着全面从严治党、党风廉政建设和反腐败斗争向纵深推进，反腐败斗争已从量的积累迈入质的转变。据统计，2019年上半年全区纪检监察机关共受理信访举报6869件、处置问题线索5267件，同比分别下降12.5%、0.5%。立案1287件，处分998人（其中厅局级25人、县处级88人），其中自治区纪委监委立案22件、处分32人，同比分别下降65.1%、41.8%。

全面从严治党永远在路上，不能松气、歇脚。

各级纪检监察机关将以开展主题教育为契机，不忘初心、牢记使命，以"永远在路上"的执着和"没有完成时"的韧劲，站稳群众立场、厚植群众情怀，把全面从严治党引向深入，把制度优势转化为治理效能，为建设美丽新宁夏、共圆伟大中国梦提供坚强的纪律保证。

传承与创新：文旅融合
让宁夏"非遗"焕发新生机

本书编写组

近年来，宁夏文化和旅游厅全面落实中央关于非物质文化遗产保护传承方针政策，按照自治区党委、政府部署要求，积极适应发展新常态，在项目和传承人保护中不断探索、更新保护理念，树立"见人见物见生活""在生活中弘扬，在实践中创新"和"非遗+"融合发展的工作理念，致力于创新保护方式、拓宽传播空间、推动创造性转化创新性发展，在夯实保护基础、丰富展示活动、推进融合发展等方面进行了积极有效的探索和实践，全区"非遗"保护工作呈现出依法保护、科学传承、守正创新的良好发展态势。

目前，宁夏境内留存"非遗"资源2968项，花儿列入联合国教科文组织人类非物质文化遗产项目名录，贺兰砚制作技艺、砖雕、剪纸、秦腔等18个项目列入国家级代表性项目名录，自治区人民政府先后公布四批105个代表性项目，第五批37个自治区级代表性项目已报自治区政府公布。认定命名国家级代表性传承人22名，自治区级代表性传承人176名。国家级"非遗"生产性保护示范基地1个，全国职业院校民族文化传承与创新示范专业点2个，国家"非遗"传承人群培训基地2个，扶持建立自治区级传承基地（点）67个。

一、 保护基础得到新加强

五市文化旅游行政管理部门均在文化馆设立了"非遗"保护中心，并确定有专职或兼职人员从事"非遗"保护工作。常态化开展"非遗"资源调查梳理工作，建立了较为完善的档案数据库，并对传统音乐、传统美术、传统技艺等特色资源进行了数字化加工整理，国家、区、市、县四级名录体系建立。拓展文化馆（站）、博物馆等公共文化设施服务功能，推进"非遗"传习展示馆和"非遗"大师工作室建设，区、市、县三级保护传承网络基本形成。

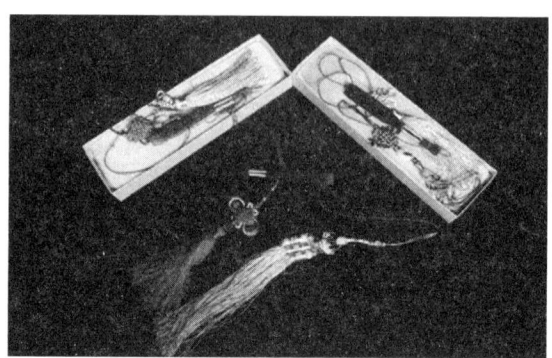

二、培训工作有了新提升

建立区、市、县三级培训网络，结合实施文化和旅游部、教育部"中国非物质文化遗产传承人群研修研习培训计划"，采取"请进来、走出去"方式，培养既能秉承传统、又能拓展创新的骨干人才。各市、县（区）项目责任保护单位顺应新时代"非遗"保护工作的新要求、新使命，积极履行项目保护主体责任，以强化培训工作人员和传承人群业务能力为切入点，全区"非遗"传承保护工作水平有了明显提升，尤其在对接传承人群实际需求精准实施培训计划、创新保护传承观念上有了明显转变。2019 年，宁夏争取文化和旅游部支持，联合苏州工艺美术职业技术学院举办了"传统工艺＋岩画"研修班。坚持理论与实践相结合、"传统工艺＋岩画"与现代创意设计为一体的理念，将研修班分为银川理论班、苏州创意设计班和银川、苏州两地成果推广班三个班次，遴选宁夏 50 名具有地域特色的剪纸、刺绣、编织、雕刻等市场认可度高的传统工艺项目代表性传承人、文创营销企业设计师和岩画专业研究人员参加培训。对具有宁夏特色的文创精品进行宣传推广，展示宁夏文化遗产、讲好宁夏故事、打造宁夏文化名片。

三、宣传展示凸显新亮点

一是策划活动宣传展示。持续开展"中国西部民歌（花儿）歌会"、"文化和自然遗产日"宣传展示、"传承人对话"、"塞上工匠·宁夏传统工艺精品展"等活动，让非物质文化遗产面向社会、走向大众，推动"非遗"传承传播的社会化。二是走出去宣传展示。搭乘"海南国际旅游岛欢乐节""宁夏（香港）旅游宣传周""2019亚洲文化旅游展"等大型文旅节会进行展演交流。开展面向"一带一路"国家的"非遗"传播交流活动，赴俄罗斯、老挝、埃及、斯里兰卡等国，举办"宁

夏非遗展""欢乐春节"等特色展演活动。三是推进"互联网＋非遗"宣传模式，加工"非遗"数字资源，拓宽"云端"通道，进行网络推送宣传。

四、融合发展焕发新生机

以文旅融合为契机，着力提升"非遗"宣传展演水平，组织开展形式多样的"非遗"传承展示活动，推动"非遗"在生活中弘扬、在实践中创新，使古老的优秀传统文化在当下重

现生机和活力。一是推动"非遗"进商圈。坚持"非遗惠民零距离"，在银川市新华百货 CCmall、建发大阅城、新百 CCPARK、金凤万达等各大商圈开展"非遗"宣传展销活动。二是推动"非遗"进景区。组织剪纸、刺绣、编织、雕刻等项目传承人走进镇北堡西部影城、沙坡头、沙湖等旅游景区展演展销，成为吸引游客互动体验的靓丽风景。三是推动"非遗"进校园。自治区文化和旅游厅与教育厅联合印发《宁夏非物质文化遗产教育传承计划实施纲要》，通过组织传承人进校园、编写"非遗"教材进课堂等形式，将"非遗"传习融入学校素质教育，促进"非遗"传承在校园落地落实。四是推动"非遗"进移民村。组织传统工艺传承人走进移民村传授手工制作技艺，带动农民群众就业赚上"文化钱"。麻编传承人张

璟以巴鸟麻编手工坊为基地，辐射带动西夏区同阳新村、月牙湖滨河家园四村开展文化扶贫活动，指导村民掌握麻编基本技法，编织杯垫、地垫等简易产品，每个村民每月增收少则三五百元，多则上千元。固原市隆德县魏氏砖雕基地为村民传授砖雕手艺，带动 200 多户村民依托砖雕基地创业，有的每年净收入达 2 万多元。石嘴山市葫芦烙刻画传承人陶瑞珍组织 30 多户村民种植葫芦，实现葫芦烙刻画创作工艺品产业化，年产值达 50 多万元，帮助周边村民、残疾人以及下岗工人就业增收。

　　近些年来，宁夏"非

遗"保护工作通过这些有力措施，让优秀传统文化内涵更好更多地融入生产生活各方面，转化为人们不可或缺的日常组成部分，基本形成了人人传承发展，全社会参与守护、传播和弘扬优秀传统文化的良好环境，在文旅融合的背景下，这些优秀传统文化必将焕发新的时代生机。

不忘初心七十载　全民健身惠民生

王　刚

新中国成立70年，宁夏在党中央的坚强领导下，在党的民族政策光辉照耀下，守望相助、团结奋斗，奋力推动各项事业全面发展，取得了巨大成就，正迎着新时代向实现经济繁荣、民族团结、环境优美、人民富裕，与全国同步建成全面小康社会目标努力奋进。宁夏体育事业在自治区党委、政府的坚强领导下，在国家体育总局的关心指导下，在全区体育工作者的共同努力下，在社会各界和广大群众的关心参与下，不畏艰难、奋发图强，谱写了助民族团结进步、办人民满意的体育事业发展篇章。

一、不忘初心，发展以人民为中心的体育事业

回看来时路，宁夏体育坚守体育为人民的初心。70年来，特别是党的十八大以来，宁夏体育系统认真贯彻落实习近平总书记提出的"坚持以人民为中心的思想，把人民作为发展体育事业的主体，把满足人民健身需求、促进人的全面发展作为体育工作的出发点和落脚点"要求，紧紧围绕全区改革发展稳定大局，全力提供多样化、便民化、个性化的体育服务，全区体育事业取得了丰硕成果，呈现出蓬勃发展的态势。

（一）体育服务体系全面构建，体育设施持续改善

坚持体育场地设施供给普惠化、均等化、身边化，加快推进公共体育服务体

系建设，集中财力建设了一批便民利民的体育场馆、全民健身设施、体育产业基地等，公共体育服务设施不断完善。全区93%的乡镇实施了"乡镇农民体育健身工程"，实现了村级农民工程全覆盖。县级以上城区建成15分钟健身圈，全区人均体育场地面积超过2.15平方米，位居全国前列。

（二）全民健身战略有效实施，群体活动丰富多彩

着眼全民健康和全面小康"大视野"，扎实落实《全民健身实施计划》。以群众需求为导向，广泛开展群众乐于参与的多样化、多层次全民健身活动。

近年来，每年举办各级各类全民健身活动超过1000项（次）以上，参与群众超过300万人（次）。培育各级各类体育社会组织436个，各类全民健身活动站点1000多个。培养长期活跃在一线的社会体育指导员16457人，达到每千人2.4名社会体育指导员。

（三）竞技体育改革有序推进，运动成绩不断突破

坚持走学习、改革、合作之路，持续推进竞技体育训练体制机制改革，推行扁平化训练管理，加强与体育强省和高校交流合作，积极探索社会力量联合办队模式，全面提升竞技体育水平。宁夏运动员在奥运会、亚运会、世锦赛等国际比赛中共获得金牌42枚、银牌28枚、铜牌15枚，录取名次53个；参加全国运动会、锦标赛等全国正式比赛，共获得金牌292枚、银牌329枚、铜牌370枚，录取名次1262个；11人43次破25项世界纪录，4人7次破亚洲纪录，10人14次破全国纪录；培养各级别裁判员近2000名。

（四）体育产业发展快速起步，产业体系基本构成

注重体育产业发展宏观指导和顶层设计，出台了一系列体育产业政策措施。坚持走融合发展的路子，推动体育与卫生、教育、文化、科技、旅游、养老、

互联网等领域融合发展，打造包括竞赛表演、项目培训、休闲旅游、场馆运营、中介服务及相关衍生业态的全产业链。坚持多元化发展的理

念，吸引社会资本投入体育产业发展，培育扩大市场主体，形成"多元投入、多种经营、多种业态"的发展格局。目前，全区命名体育产业示范基地 50 个，打造国家级精品体育旅游景区 1 个、精品体育旅游赛事 1 个、体育旅游示范基地 1 个。体育彩票坚守公益属性，凝聚社会力量，体育彩票发行 23 年来在宁夏累计销售超过 100 亿元，"负责任的、可信赖的、健康持续的国家公益彩票"形象扎根百姓心中。

（五）体育赛事活动精彩纷呈，品牌效应逐步显现

致力于打造培育精品赛事活动，积极创建"一地一品"品牌赛事，环青海湖国际公路自行车赛、银川国际马拉松赛、吴忠黄河金岸国际马拉松赛、ITF国际男子网球职业赛、世界电子竞技大赛、全国铁人三项赛、全国大漠健身运动大赛、全国六盘山健身登山大会、全民健身节、健身大拜年、农民篮球赛、体育大集等赛事活动，既很好地宣传展示了宁夏体育，又扩大了影响，助推全民健身活动开展和群众健身消费意识的形成。

二、牢记使命，开启新时代宁夏体育新征程

新时代，宁夏体育已启程。坚持以习近平新时代中国特色社会主义思想为指引，以推动"群众体育有亮点、竞技体育有突破、体育产业有发展"为总目标，立足提升工作质量，在摸清资源、凝练特色、明确目标、强化措施上下功夫，进

一步提升体育发展质量和水平。

（一）着力在推动体育创新发展上下功夫、求突破

新时代的体育，必须坚持把创新贯穿于体育发展的各个方面。一是推动政策创新。在运动员培养、高端人才引进、足球改革发展、冰雪产业发展、品牌赛事打造等方面创新制定一批针对性强的政策措施。二是推动足球改革。推动各级足球协会实体化运营，提升管理水平和运营能力。建立足球竞赛体系，引进全国和国际性的足球赛事。推动校园足球发展，加强青少年足球训练中心建设，为足球发展培养坚实的后备力量。三是推动"体教融合"。高度重视青少年体育锻炼减少、体质水平下降、意志品质弱化的问题，将学校体育工作纳入教育考核重点内容，"开足开齐"学校体育课程，让广大青少年至少掌握2—3项体育运动技能，发现和培养一大批青少年体育后备人才。

（二）着力在推动体育协调发展上下功夫、求突破

新时代的体育，必须要在协调发展上寻求新动力。一是推动群众体育、竞技体育、体育产业协调发展。群众体育是基础，竞技体育是引领，体育产业是支撑，三者相互关联、相互促进。重点推动冰雪运动、足球运动、青少年体育发展，补齐竞技体育短板和体育产业弱项。二是推动城乡、区域协调发展。针对城乡体育发展不平衡、川区和山区体育发展不平衡的问题，结合乡村振兴战略和脱贫攻坚工程，在政策、项目、资金上向乡村、向薄弱地区倾斜。三是推动体育与经济、社会、文化等各项事业融合发展。扶持打造一批融合发展示范基地、示范单位、示范项目。制定体育文化发展规划，挖掘体育文化内涵，组织创作体育文化作品，讲好体育故事，弘扬体育精神，传播体育能量。

（三）着力在推动体育绿色发展上下功夫、求突破

坚持绿色发展理念，遵循规律、节约资源、保护环境，走体育的可持续发展道路。一是坚持稳中求进。准确把握体育发展规律，不搞脱离实际的发展。组织开展体育资源和发展相关数据统计调查，摸清体育资源的"家底"，找准宁夏体育发展的优势特色和问题短板，科学制定发展目标。二是坚持绿色办赛。大力发展绿色环保的运动项目，破坏环境的运动项目坚决不要。坚持节俭办赛、绿色办赛，坚决杜绝赛事活动搞形式主义、铺张浪费，最大限

度减少对环境的影响。三是坚持助力绿色发展。认真贯彻落实国务院《关于加快发展体育产业促进体育消费的若干意见》和国务院办公厅《关于加快发展体育竞赛表演产业的指导意见》，推动体育产业扩规提质，提升对经济增长的贡献率。

（四）着力在推动体育开放发展上下功夫、求突破

坚持开门办体育，扩展发展思路。一是大力引进高端人才。着眼宁夏急缺体育高端人才的瓶颈问题，进一步完善政策措施，引进一批高水平教练员等体育高端人才，为发展提供人才支撑。二是积极向国家队输送人才。全力配合国家体育总局做好 2020 年东京奥运会和 2022 年北京冬奥会的备战工作，争取有更多宁夏籍运动员在赛场上为国争光。三是加强对外合作。密切与体育强省合作，从合作办队和委托培养宁夏优秀运动员两手发力。四是吸引社会投资。完善体育产业发展政策，降低准入门槛，提升服务水平，吸引社会资本投入，培育扩大市场主体。五是打造品牌赛事。突出宁夏特色，继续办好银川国际马拉松赛、吴忠黄河金岸马拉松赛等重点赛事，积极引进更多有影响力的国际和国内大赛在宁夏举办，打造一批有影响、效益高的品牌赛事。

（五）着力在推动体育共享发展上下功夫、求实效

为了人民办体育，依靠人民办体育，办好体育为人民，体育成果要让人民群众共享，不断满足人民群众日益增长的多层次、多样化体育需求。一是坚持体育场地设施供给普惠化、均等化、身边化，以实施"百万公里健身步道工程"为重点，进一步完善群众身边的健身场地设施。二是坚持群众需要、效益优先原则，积极创新，开展形式多样、群众喜闻乐见的全民健身活动，让体育惠及更多群众。三是开展国民体质监测，组织"三送五进"活动，让广大群众懂科学健身、会科学健身，努力提升群众健康水平。

（六）着力在全面从严治党上下功夫、求突破

认真贯彻落实党中央关于全面从严治党的要求，组织开展好"不忘初心、牢记使命"主题教育。突出抓好政治建设，教育引导广大党员干部增强"四个意识"，坚定"四个自信"，做到"两个维护"。全面落实意识形态工作责任制，正向宣传、主动发声。突出抓好基层党建工作，规范基层党组织政治生活，增强战斗堡垒作用。突出抓好党风廉政建设，认真贯彻执行中央八项规定精神，坚决纠治"四风"，强化廉政教育，从严查处违纪违规问题，努力维护风清气正的良好政治生态。

宁夏体育系统及全体工作者将"不忘初心、牢记使命"，凝聚体育力量，在"为中国人民谋幸福，为中华民族谋复兴"的伟大征程中，贯彻落实健康中国战略和全民健身国家战略。

延伸阅读

宁夏全民健身大报告

2018年，宁夏体育局组织开展自治区、市、县三级《全民健身实施计划（2016—2020年）》落实情况的督导评估工作，系统评价了全区5个地级市和22个县（市、区）全民健身情况。

一、全民健身及评估指标

全民健身旨在全面提高国民体质和健康水平，以青少年和儿童为重点，倡导全民每天参加一次以上的体育健身活动，学会两种以上健身方法，每年进行一次体质测定。

全民健身是一个系统工程，涵盖面广，《全民健身实施计划（2016—2020年）》涉及全民健身的指标有：经常参加体育锻炼的人数、公共体育场地设施、体育健身组织、健身指导和志愿服务、城乡居民身体素质和体育产业发展情况等。

1995年6月20日，国务院发布《全民健身计划纲要》，以更广泛地开展群众性体育活动，增强人民体质。国务院2009年10月1日颁布施行《全民健身条例》，确定8月8日为全民健身日。

二、《全民健身实施计划（2016—2020年）》主要目标

以增强人民体质、提高健康水平为根本目标，满足人民群众日益增长的多元化体育健身需求为出发点和落脚点，坚持以人为本、改革创新、依法治体、确保基本、多元互促、注重实效的工作原则，通过立体构建、整合推进、动态实施，统筹建设全民健身公共服务体系和产业链、生态圈，提升全民健身现代治理能力，为全面建成小康社会贡献力量，为实现中华民族伟大复兴的中国梦奠定坚实基础。

三、宁夏实施《全民健身实施计划（2016—2020 年）》现状

（一）经常参加体育锻炼人数大幅增加

截至 2018 年年底，全区经常参加体育锻炼人数为 225.1 万人，占常住人口比例约为 32.7%，与 2015 年年底占比 29% 的数据相比增长 3.7%，增长约 35.4 万人。每周参加一次体育锻炼人数约为 357 万人，占常住人口比例约为 51.8%。在经常参加体育锻炼人数、每周参加一次体育锻炼人数方面，已提前实现《全民健身实施计划（2016—2020 年）》的发展目标。

（二）人均拥有体育场地面积位居全国前列

截至 2018 年年底，全区人均体育场地面积超过 2.15 平方米，比"十二五"末人均体育场地面积 2.068 平方米有较大幅度提升，远高于全国人均体育场地面积 1.66 平方米。近年来，各级政府共投入 40 多亿元资金用于体育基础设施建设，建成了贺兰山体育场、亲水体育中心、吴忠黄河奥体中心等功能齐全、设施完备的大型体育场馆。5 个地级市所辖县区新建了一批便民利民的中小型体育场馆，极大改善了当地的公共体育设施，为群众健身锻炼、举办运动会、大型集会提供基础条件。全区建成 35 个体育公园、80 余个社区多功能运动场、141 条 489 公里健身步道、56 处足球场地、29 处冰雪场地设施。所有公共体育场馆实行免费或低收费对外开放，每年接待人数超过 300 万人次。

（三）全民健身品牌创建初显成效

全区体育系统组织开展一系列接地气、得民心、参与面广、覆盖人群多的全民健身活动，每年参与活动人数达 300 万人次，活动超 1000 项次。目前，已形成石嘴山国际铁人三项赛、银川国际马拉松赛、宁夏黄河金岸（吴忠）马拉松赛、中卫全国大漠健身运动大赛、固原全国群众登山健身大会暨宁夏六盘山全国登山节等群众性品牌赛事。自治区体育局连续多年组织全民健身大拜年暨百乡千村农民体育月活动月，利用冬闲组织开展群众冬季运动项目，尤其是农民篮球赛得到了基层群众的热烈响应。元旦健身跑和新年登高活动已成为群众迎接新年的生活模式。体育大集为体育协会展示水平、群众参与体验搭建了新平台。冰雪挑战季、室内五人制中国足球协会杯比赛、全国自

然水域冰钓赛、全国跳伞锦标赛、全国青少年航空航天模型锦标赛、全国沙滩排球巡回赛得到国家体育总局及参赛群众的认可。国际沙滩排球锦标赛、"一带一路"四国篮球赛等国际赛事以体育拉动经济发展，带动地区消费，彰显

了体育的多元社会价值。

（四）全民健身指导和服务日益完善

积极推广"4+X"体育组织体系模式，加强各级体育总会、社会体育指导员协会、老年人体育协会、农民体育协会和单项体育协会建设，发展县级以上体育社会组织 436 个，相比"十二五"期间的 221 个增长近一倍。市县体育协会健康快速发展，服务管理规范有序，银川市体育社会组织 48 个，石嘴山市、吴忠市、固原市体育社会组织均超过 20 个，灵武市、永宁县、盐池县、中宁县体育社会组织超过 25 个，同心县和彭阳县分别有 24 个和 22 个。全区全民健身站点和晨晚练点超过 1000 个，每个站点至少有 1—2 名社会体育指导员开展指导服务工作。全区持证社会体育指导员达 16457 人，每千人拥有社会体育指导员 2.4 人，远高于全国平均水平。

（五）5个地级市全民健身各具特色

银川市连续 4 年举办冰雪嘉年华，辐射以银川为中心 600 公里内的 15 个地级市，参与人数达 10 万人次。

石嘴山市足球运动打造新亮点。全市布局国家级校园足球特色学校 48 所，所有中小学建有人工草坪足球场，24 名青少年足球运动员进入职业俱乐部梯队，137 名学生被重点大学录取。

吴忠市开拓休闲体育运动模式，在马拉松、航空航天模型、跳伞、沙排等新兴体育领域取得成效。

固原市农民篮球赛掀起新高潮。响应乡村振兴战略，配合精准扶贫，市县区、乡镇、村举办民间篮球赛热情高涨，农民篮球赛助推新农村建设的典型事例被媒体广泛关注报道。

中卫市沙漠运动探索新项目。依托独特的沙漠和黄河共融共生的资源优势，结合体育旅游，成功举办 4 届全国大漠健身运动大赛，探索开展、培育推广了一系列沙漠运动项目。

宁夏农村电商综合服务平台上线

李　刚

由宁夏农业农村厅携手阿里健康共同打造的宁夏农村电商综合服务平台暨宁夏原产地商品官方旗舰店，于 2019 年 7 月 6 日正式上线运营。在这里聚集了宁夏所有的原产地农产品，只要轻点鼠标，您就可尽享宁夏最鲜美、最健康的特色美食。

一、农业与电商融合发展

宁夏素有"塞上江南"的美誉，农业资源相对富集，农产品品质优良。宁夏是我国的"枸杞之乡""滩羊之乡""甘草之乡""硒砂瓜之乡""马铃薯之乡"，贺兰山东麓酿酒葡萄品质也声名远扬。

为深入推进农业供给侧结构性改革，加快电子商务与农业农村的深度融合，切实把"五大之乡"和贺兰山东麓葡萄酒等品牌做大做强，宁夏农业农村厅今年计划与天猫、京东、苏宁易购等全国知名电商平台培育第三方建设运营宁夏农村电商综合

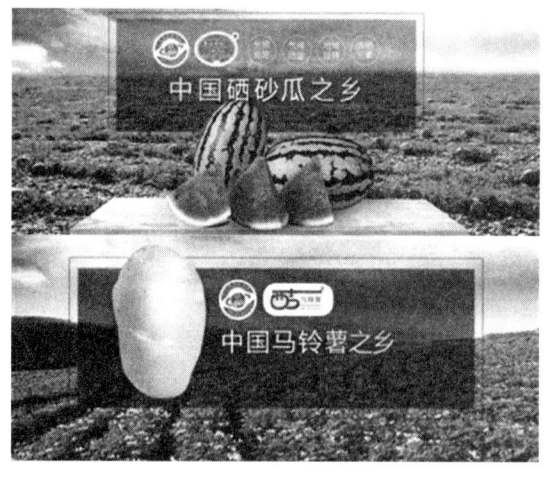

服务平台，建立独具宁夏特色的农产品营销网络，有效提升宁夏农产品品牌形象，拓宽农产品销售渠道，提高市场占有率和农产品附加值，增加人民收入，促进宁夏特色优势农产品出村进城、走向全国。

宁夏农村电商综合服务平台，涵盖宁夏境内各种优质原产地农产品，集多种角色于一体，既是宁夏原产地商品官方旗舰店，也是阿里健康"滋补中国"战略的首个特色馆。平台汇聚本土的优质产品，以"产地直供""产品可追溯""规模化产业化运营""成立电商联盟"等多种方式，向全国消费者提供质量可靠的产品，让企业获得更大效益，让消费者买得放心，拉近原产地与消费者的距离，实现最短直供。

二、天猫首个"道地滋补特色馆"

从吃得饱，到吃得好，再到吃得健康，人们对于食品的要求会越来越高。吃得健康，就必须找到具有独特产品优势的原产地，把控产品源头。"滋补中国"战略，就是寻找优质原产地，再通过天猫将这些特色产品送达消费者身边，让百姓吃上真正好的农产品。宁夏中宁枸杞甲天下，石头缝里的硒砂瓜，吃甘草喝碱水的盐池滩羊，塞上江南的富硒大米，优质酿酒葡萄等，宁夏的优质特产以好品质好营养让人津津乐道，这是阿里健康优先选择宁夏作为首家"特色馆"的重要因素。

作为阿里健康的首个"道地滋补特色馆"，宁夏馆顺利上线对于阿里健康"滋补中国"战略在全国的建设有着重要示范作用，后续阿里健康将以宁夏首店为新起点，继续以特色滋补的创新模式与全国更多原产地政府合作，将优质的原产地商品直供消费者。

三、农产品嫁接新潮文化

为利用好这次平台上线的机会，宁夏五个地级市政府分管领导在原产地的田间地头，拍摄"产品宣传片"、朋友圈海报，代言本地特色农产品，拉近了政府、原产地与消费者的距离。

　　搭建宁夏农村电商综合服务平台是为企业、农户、商铺、网店、窗口等各类经营主体免费提供便捷高效的服务，打造一个专业权威、特色鲜明、线上线下销售相结合的，集渠道建设、信息发布、品牌培育、咨询服务为一体的电商综合服务平台。此次与阿里巴巴的合作，让更多企业及新型经营主体的产品入驻"宁夏农村电商综合服务平台"，政府部门将对电子商务发展的基础设施建设、平台建设和电商企业等予以激励和扶持。

　　未来几年，宁夏政府在与阿里合作的基础上将同京东、苏宁易购等全国知名电商平台建设更多的"宁夏特色农产品电商综合服务平台"。继续因地制宜发展"互联网+"特色主导产业，打造感知体验、智慧应用、要素集聚、融合创新的"互联网+"产业生态圈，辐射和带动乡村创业创新，把特色农业品牌做大做强。

延伸阅读

宁夏农村电商综合服务平台

　　宁夏农村电商综合服务平台，由自治区农业农村厅与阿里健康携手打造，涵盖宁夏境内各种优质原产地农产品。平台集多种角色于一体，既是宁夏原产地商品官方旗舰店，也是阿里健康"滋补中国"战略的首个特色馆。

　　一、平台建设的意义

　　发展意义：未来平台会是宁夏最大的原产地产品展示销售渠道，一定程度上承担了促使当地农产品快速走向全国、扩大销售路径、提高区域品牌价值的任务，并起到了打击山寨、提升食品安全的作用。同时还能通过天猫聚合的消费大数据，有效指导农业生产、优化产业布局、提振局部经济，亦是宁夏电商兴农扶贫工作的重要一环。

　　示范意义：平台秉承开放协作、免费入驻、服务优先的原则，持续考察引进本土企业和产品，丰富品类品牌，与阿里携手打造好一个在全国具有示范意义的"宁夏店"。

　　二、平台建设内容

　　（一）与国内知名电商签订战略合作协议

　　自治区农业农村厅与阿里巴巴、京东、苏宁易购三大电商平台签订网上特色农产品销售战略合作协议。委托第三方在天猫、京东、苏宁易购搭建"宁夏特色农产品网上商城"。

（二）搭建"宁夏特色农产品网上商城"

一级大类销售专区：优质粮油、供港蔬菜、生鲜瓜果、枸杞、牛羊肉、奶制品、葡萄酒、中药材等特色农产品。

二级产品销售专区：在一级销售专区之下建立如宁夏大米、面粉、食用油、枸杞、滩羊肉、硒砂瓜、灵武长枣、葡萄酒、牛奶等明星产品名录。

三级企业产品展销区：以单品为单元，展示产品的规格标准、价格、生产企业及产品溯源等信息。

（三）引进第三方线上线下运营商

在全区遴选具有较强的电子商务运营能力、农产品展示销售经验的第三方电子商务运营商，负责宁夏在阿里巴巴、京东、苏宁易购等全国知名电商平台建设"宁夏特色农产品网上商城"和运营。符合相关条件的宁夏农业龙头企业、农民合作社、家庭农场、外销窗口可免费入驻电商平台，同时在银川设立"宁夏特色农产品"线下体验店，实行线上销售、线下体验相结合，通过期货意购、订单交易等模式，把全区优质农产品推向全国。

（四）实施奖励政策

根据网上销售情况，按销售额进行奖励。

三、肩负社会责任

（一）成立宁夏农村电商联合会

自治区农业农村厅支持成立宁夏农村电商联合会，吸纳全区农产品加

工销售龙头企业、农村专业合作组织、益农信息社、农产品电商农产品外销窗口等机构加入联盟，带动宁夏优质特色农产品走向全国，助推宁夏传统特色农业实现高质量发展。

（二）开展电商"110"扶贫工作

积极开展农产品电商出村进城工程和网络"110"扶贫活动。支持贫困地区种养大户、家庭农场、合作社、龙头企业、农业经纪人借助宁夏特色农产品网上商城，开展农产品网上销售、大宗交易、订单农业、农业众筹等农产品网上销售业务。采取集中培训、网络宣传、农产品销售和咨询指导等方法，支持县区电商企业、农业经营主体建立直采直供关系，常年宣传推介优质特色农产品、传统农村手工制品、民俗产品及休闲农业资源，探索可借鉴、可复制、可推广的做法、机制和模式。

（三）实施农产品电商企业主体培养计划

充分利用新型职业农民教育、农村实用人才培训、农民手机应用等项目，重点组织专业大户、家庭农场、农民合作社等新型农业经营主体、大学生村官、农村信息员和农业企业负责人，联合电商培训基地、阿里巴巴、京东、中国电信等电子商务企业，培育1000家特色农产品微商，将全区小电商织成一张电商大网，相互服务，信息共享。支持举办"宁夏农产品电商创业大赛"，开展"宁夏十佳农产品电商企业""宁夏百佳农产品微商"等评选活动。每年开展一次"宁夏农字号新产品推介大会"，既展示推介产品，又激励企业发展。

四、旗舰店对消费者有哪些好处

一是为消费者提供一站式优质农产品选购平台，能够轻松买到质量有保证的农产品。

二是保证食品安全，通过原产地直供的方式，把控农产品源头，规避中间环节，直接将田间地头的好产品送达消费者。

三是吃得更健康，作为天猫首家"道地滋补特色馆"，集中上线了枸杞、硒砂瓜、宁夏大米、马铃薯、葡萄酒、滩羊等对健康有益的多个品类，满足消费者追求高品质生活的需要。

"厕所革命"：按下农村"美颜键"

杨 超

曾经，"一个坑、两块砖、三尺墙，围一圈、捂鼻子、踮脚尖，蚊蝇飞、臭熏天"的简陋旱厕遍布乡村。

如今，这种情况在宁夏农村正发生改变，水冲式厕所逐渐取代旱厕。

"厕所的颜值高了，村民的习惯变了，村子更美了。"泾源县泾河源镇工作人员贺继明说。

一、方寸之间惠及民生

近 20 平方米的厕所，干湿分离，洁白的马桶、彩色吊顶、浴霸一应俱全，这是隆德县联财镇联合村村民刘梅家的厕所。

"以前，我家厕所在牛圈旁，简单用砖块搭建。天一热，臭气熏天、苍蝇满天飞，最让我头疼的是，隔一段时间坑就满了，还要掏。"刘梅说。

2018 年，刘梅的头疼事解决了。联合村开始实施农村改厕项目，建设污水处理池、2 个大型化粪池和污水管网。农民只需支付 500 元，就能拥有一个小型家用厕所，包括暖气片或浴霸、洗手盆和镜面、声控灯、马桶等。目前，全村 505 户农户，已有 386 户进行了厕所改造。

随着美丽乡村建设的推进，在日渐变美的农村，群众对厕所有了新期盼。

宁夏把农民认同、农民参与、农民满意作为基本要求，先后制定了《关于推进农村"厕所革命"专项行动的实施意见》《宁夏农村厕所建设技术指导意见》《关于进一步加强我区农村厕所建设质量管理工作的通知》等政策文件。因地制宜、分类施策，指导各地科学选择改厕模式，在川区和有条件的地区，主推室内水冲式厕所改造；在不具备改造条件的地区，采取三格式化粪池、生态降解型厕所等新型卫生厕所改造方式，逐步消除农村露天旱厕。

二、千家万户破除陋习

"费钱费力，我们祖祖辈辈都在用旱厕，习惯了。"刚开始，泾源县泾河源镇兰大庄村村民刘良对改厕并不理解。

宁夏因地制宜，提倡农户自愿、主动参与、分类实施，采取多种模式推进农村改厕工作。通过改造前后的对比，村民切身感受到厕所改造带来的好处，纷纷从"袖手看"到"动手干"，开始比谁家的厕所更漂亮。

刘良感受到改厕带来的方便，带头拆除自家旱厕，逢人便夸政府为村民办了一件大好事。

"夏天蚊虫满天飞，刺鼻的臭味让人受不了。雨天极易摔倒，家里小孩上厕所，我总提心吊胆。"隆德县联财镇联合村村民齐效恒说。

如今齐效恒家的厕所内外都贴了瓷砖，连通了自来水管道，安装了马桶、太阳能热水器。

"以前在外面工作的年轻人或外地亲戚来家里，最受不了的就是厕所。"刘梅说，"现在的厕所又方便又卫生，一点味道都没有，村里人也更讲文明了。改造后的厕所都安装了太阳能热水器，几个月不洗一次澡已经成为历史。"

"长期以来，农村旱厕严重影响环境。"吴忠市利通区郭家桥乡马家大湾村王勇表示，利通区积极推进卫生厕所改建工作，加强兴建化粪池、污水处理系统等，从源头上杜绝粪便对环境的污染，提升了村民幸福感。

三、洁净生活带来巨变

"小康不小康，厕所算一桩"，这句话反映出农村厕所的重要性。

截至 2019 年 6 月，宁夏已整合下达农村改厕资金 3.381 亿元，开展农村卫生厕所改造 1.1 万户，新建农村公厕 55 座、旅游公厕 66 座，全区农村卫生厕所普及率达到 32%，其中川区农村卫生厕所普及率达到 50%。

"冲水式厕所，提升了村里的人居环境，新厕所、新环境，村民也有了好心情。"贺继明说。

"现在农村环境好了，厕所每天刷得干干净净，我们心里也舒坦。"齐效恒说。

据自治区农业农村厅相关负责人介绍，宁夏将继续全面推进农村"厕所革命"，积极推广管网式环保型、三格式资源型、人工资源型等技术模式，严格把控改厕技术关、施工关、验收关，倒排工期、挂图作战，确保按时高质量完成 15 万户厕、470 座公厕的建设任务。

"厕所革命"，作为乡村振兴战略的一项具体工作，宁夏将坚持不懈推进，补齐民生短板。